HARRAP'S



# L'allemand

# + vite

21 rue du Montparnasse
75283 Paris CEDEX 06

ISBN 978 2 81 870848 4

Harrap's® est une marque de Larousse SAS
www.harrap.com

Première édition publiée en France en 2005
par Chambers Harrap Publishers Ltd, Edinburgh

HARRAP'S

# L'allemand

# + vite

# GRAMMAIRE
# VERBES
# EXPRESSIONS

# TABLE DES MATIÈRES

## GRAMMAIRE



## VERBES

## EXPRESSIONS

# GRAMMAIRE

## GENRE ET PLURIEL DES NOMS

### • Les trois genres allemands

Ce sont le masculin, le féminin et le neutre, auxquels correspondent respectivement les articles définis **der**, **die**, **das** au singulier.

> L' article pluriel **die** est commun aux trois genres.

### • Comment déterminer le genre d'un nom ?

• Sont masculins : les noms se terminant par **-ig**, **-ismus**, **-ling**, **-or**.

• Sont féminins : les noms se terminant par **-ade**, **-age**, **-ei**, **-heit**, **-keit**, **-ie**, **-in**, **-ion**, **-schaft**, **-tion**, **-ung**.

• Sont neutres : les noms se terminant par **-chen**, **-lein**.

### • Les différentes formes de pluriel

| PLURIEL | MASCULIN | NEUTRE | FÉMININ |
|---|---|---|---|
| + **-en** ou **-n** | noms masculins faibles : **der Franzose → die Franzosen** | uniquement : **Auge, Bett, Ende, Hemd, Herz, Insekt, Juwel, Leid, Ohr, Verb. das Auge → die Augen** | règle générale **die Wohnung → die Wohnungen** |
| + **-nen** | | | noms en **-in** : **die Journalistin → die Journalistinnen** |
| + **-Ø** (NOMS INVARIABLES) | noms en **-el**, **-en**, **-er** : **der Braten → die Braten** | noms en **-el**, **-en**, **-er**, **-chen**, **-lein** : **das Fenster → die Fenster** | |
| INFLEXION | noms en **-el**, **-en**, **-er** : **der Mantel → die Mäntel** | uniquement : **Kloster, Mineralwasser. das Kloster → die Klöster** | uniquement : **Mutter, Tochter. die Mutter → die Mütter** |
| + **-e** ou INFLEXION + **-e** | règle générale **der Tag → die Tage** | composés en **Ver-**, **Ge-** : **das Bein → die Beine** (pas d'inflexion) | quelques noms : **Hand, Kunst, Nacht. die Nacht → die Nächte** (inflexion) |

| | | | |
|---|---|---|---|
| **INFLEXION** + -**er** | quelques noms : **Geist, Leib, Gott, Irrtum, Mann, Rand, Wald. der Geist → die Geister** | règle générale **das Land → die Länder** | |
| + -**s** | noms d'origine étrangère et abréviations : **der Kuli → die Kulis; das Auto → die Autos; die Mutti → die Muttis** | | |
| + -**se** | | noms en -**nis** : **das Ereignis → die Ereignisse** | uniquement : **Erkenntnis, Erlaubnis, Kenntnis. die Erkenntnis → die Erkenntnisse** |

Certains noms ont deux formes au pluriel, suivant leur sens.

| | | | |
|---|---|---|---|
| **die Bank** | *banc* | → | **die Bänke** |
| | *banque* | → | **die Banken** |
| **der Bau** | *tanière* | → | **die Baue** |
| | *bâtiment* | → | **die Bauten** |
| **die Mutter** | *mère* | → | **die Mütter** |
| | *écrou* | → | **die Muttern** |
| **der Strauß** | *autruche* | → | **die Strauße** |
| | *bouquet* | → | **die Sträuße** |

Quelques noms ne s'emploient qu'au singulier en allemand. C'est le cas, par exemple, des noms collectifs **das Gepäck** *(les bagages)* et **der Schmuck** *(les bijoux)*.

## QUEL CAS EMPLOYER ?

### • Emploi du nominatif

- pour un sujet.
- pour un attribut du sujet.

**Du bist mein bester Freund.**
*Tu es mon meilleur ami.*

Il faut donc employer le nominatif après des verbes d'état comme **aussehen wie** (*avoir l'air de*), **bleiben** (*rester*), **heißen** (*s'appeler*), **scheinen** (*sembler*), **sein** (*être*), **sich betrachten als** (*se considérer comme*), **werden** (*devenir*).

### • Emploi de l'accusatif

- pour un complément d'objet direct.

**Er will sich einen neuen Computer kaufen.**
*Il veut s'acheter un nouvel ordinateur.*

• pour un complément de temps.

**Wir haben den ganzen Tag auf dich gewartet.**
*Nous t'avons attendu toute la journée.*

• après les prépositions **durch**, **für**, **gegen**, **ohne** et **um**.

• en réponse à une question introduite par Wohin.

**Wohin gehen Sie am Wochenende? – Auf die Buchmesse.**
*Où allez-vous ce week-end ? – Au salon du livre.*

### • Emploi du datif

• pour un complément d'objet second.

**Ich schenke meiner Mutter Blumen zum Geburtstag.**
*Pour son anniversaire, j'offre des fleurs à ma mère.*

• après les prépositions **aus**, **ausser**, **bei**, **gemäss**, **gegenüber**, **mit**, **nach**, **seit**, **von** et **zu**.

• après certains verbes, notamment **danken** *(remercier)*, **folgen** *(suivre)*, **glauben** *(croire)*, **gratulieren** *(féliciter)*, **helfen** *(aider)*.

• en réponse à une question introduite par Wo.

**Am Wochenende waren wir auf der Buchmesse.**
*Nous sommes allés au salon du livre ce week-end.*

### • Emploi du génitif

• pour un complément du nom.

**Das ist doch das Auto des Bürgermeisters!**
*Mais c'est la voiture du maire !*

• après les prépositions **statt** *(au lieu de)*, **trotz** *(malgré)*, **während** *(pendant)*, **wegen** *(à cause de)*.

• après quelques rares verbes : **sich js/etw schämen** *(avoir honte de qn/qch)*, **sich etw bewusst sein** *(avoir conscience de qch)*.

## DÉCLINAISON DE L'ARTICLE ET DU NOM

La déclinaison des noms est essentiellement portée par le déterminant.

**Wie findest du den Film?**
*Comment trouves-tu le film ?*

**Den Film** est COD → l'article défini prend la marque **-n** de l'accusatif.

Cependant, le nom est également décliné :

• au génitif singulier masculin et neutre
→ ajout d'un **-s** (**-es** s'il est monosyllabique ou finit par **-s**, **-ß**, **-x**, **-tz** ou **-z** : der Reiter des Pferdes).

• au datif pluriel
→ ajout d'un **-n** (sauf s'il forme son pluriel en **-s**, **-n** ou **-en** : in den Parks).

## • Article défini + nom

La "marque significative" ou "marque forte" renseigne sur le genre, le nombre et le cas d'un nom ou d'un groupe nominal : elle correspond à la dernière lettre de l'article défini.

| | SINGULIER MASCULIN | NEUTRE | FÉMININ | PLURIEL |
|---|---|---|---|---|
| NOMINATIF | der Hund | das Pferd | die Katze | die Tiere |
| ACCUSATIF | den Hund | das Pferd | die Katze | die Tiere |
| DATIF | dem Hund | dem Pferd | der Katze | den Tieren |
| GÉNITIF | des Hundes | des Pferdes | der Katze | der Tiere |

Le **pluriel** a la même forme que le **féminin**, sauf au datif.

Les noms masculins faibles prennent **-en** ou un **-n** final à tous les cas sauf au nominatif singulier. Par conséquent, ils ne prennent pas de **-s** au génitif singulier.

Les masculins faibles sont de trois types :

• Ils désignent des êtres animés et finissent par **-e**.

Ex : der Junge → die Jungen.

• Ils sont d'origine étrangère et finissent par **-ant**, **-at**, **-aut**, **-ent**, **-et**, **-graph**, **-ist** ou **-ologe**.

Ex : der Komponist → die Komponisten.

• Ils appartiennent à une liste définie : Bär, Fink, Fürst, Graf, Held, Lump, Mensch, Narr, Prinz et Tor, ainsi que Bauer, Herr et Nachbar qui prennent **-n** au singulier au lieu de **-en**.

Ex: der Mensch → die Menschen

Certaines prépositions peuvent se contracter avec l'article défini. Par exemple **an** + **das** devient **ans**. Certaines formes contractées s'emploient à l'écrit comme à l'oral, alors que d'autres, plus familières, ne s'utilisent pas à l'écrit.

• das
- **ans**, **ins**
- allemand parlé uniquement : **aufs**, **durchs**, **fürs**, **hinters**, **übers**, **ums**, **unters**, **vors**

**Sie ging ans Fenster.**
*Elle est allée à la fenêtre.*

**Es geht ums Überleben.**
*C'est une question de vie ou de mort.*

- **dem**
- **am**, **beim**, **im**, **vom**, **zum**
- allemand parlé uniquement : **hinterm**, **überm**, **unterm**, **vorm**

  **Ich gehe zum Bäcker.**
  *Je vais chez le boulanger.*

  **Vorm Haus steht ein Baum.**
  *Il y a un arbre devant la maison.*

- **der**
- **zur**

  **Er fuhr zur Erholung in den Schwarzwald.**
  *Il est allé en cure dans la Forêt-Noire.*

La forme contractée n'est pas utilisée lorsque l'auteur ou le locuteur souhaite mettre l'accent sur l'article :

**Wo? – Ach, in dem Wirtshaus!**
*Où ? – Ah, dans cette auberge !*

L'article a alors valeur de démonstratif.

En général, on n'utilise pas la forme contractée si le nom est suivi d'une proposition relative :

**in dem Café, das gestern eröffnet wurde**
*dans le café qui s'est ouvert hier*

## • Article indéfini + nom

• L'article indéfini n'a que deux formes au nominatif singulier et n'existe pas au pluriel.
• Pour exprimer le pluriel, on emploie simplement le nom au pluriel sans aucun article : Klei**der** *des vêtements.*

| | SINGULIER MASCULIN | NEUTRE | FÉMININ | PLURIEL |
|---|---|---|---|---|
| NOMINATIF | ein Hund | ein Pferd | ein**e** Katze | Ø Tiere |
| ACCUSATIF | eine**n** Hund | ein Pferd | ein**e** Katze | Ø Tiere |
| DATIF | eine**m** Hund | eine**m** Pferd | eine**r** Katze | Ø Tiere**n** |
| GÉNITIF | eine**s** Hunde**s** | eine**s** Pferde**s** | eine**r** Katze | Ø Tiere |

## • Se déclinent sur le modèle de *ein* :

• les adjectifs possessifs (**mein**, **dein**, **sein/ihr**, **unser**, **euer**, **ihr**) ;
• **kein** (forme négative de ein).

Mais ils prennent les terminaisons -**e**, -**e**, -**en**, -**er** au pluriel.

### • Pronoms personnels

À la 3e personne, ils se déclinent comme l'article défini (sauf seiner).

| | SINGULIER (MASCULIN / NEUTRE / FÉMININ) | PLURIEL |
|---|---|---|
| NOMINATIF | ich, du, e**r** / e**s** / si**e** | wir, ihr, si**e** |
| ACCUSATIF | mich, dich, ih**n** / e**s** / si**e** | uns, euch, si**e** |
| DATIF | mir, dir, ih**m** / ih**m** / ih**r** | uns, euch, ih**nen** |
| GÉNITIF | meiner, deiner, seiner / seiner / ihre**r** | unser, euer, ihre**r** |

**UND JETZT SIND SIE DRAN!**

**Remplacez les mots soulignés par un pronom personnel.**

1) Ich bringe den Kindern Süßigkeiten mit.

2) Hast du den Job bekommen?

3) Das Kind ist zwei Jahre alt.

4) Willst du deinem Bruder nicht helfen?

*1) ihnen – 2) ihn – 3) es – 4) ihm.*

## EMPLOI DES ARTICLES

### • Pas d'article

Il n'existe pas d'article indéfini pluriel !

**Habt ihr Hunde?**
*Avez-vous des chiens ?*

• quand un génitif saxon se trouve devant le nom :

**Philipps Freund bleibt zum Abendessen.**
*L'ami de Philippe reste à dîner.*

• pour traduire le partitif (du, de la) :

**Ich muss noch Brot kaufen.**
*Il faut encore que j'achète du pain.*

• pour les noms de villes et de continents et la majorité des noms de pays :

**Deutschland ist ein großes Industrieland.**
*L'Allemagne est un grand pays industriel.*

Tous les noms géographiques qui ne sont normalement pas précédés de l'article défini, le sont lorsqu'ils sont déterminés par un adjectif, une proposition relative ou un complément du nom. Ils prennent alors l'article neutre **das** : **das Frankreich des letzten Jahrhunderts** *la France du siècle dernier*.

• pour les matières enseignées :

**Mathe ist mein Lieblingsfach.**
*Les maths sont ma matière préférée.*

• avant les noms de fêtes :

**Zu Pfingsten fahren wir ans Meer.**
*Nous irons à la mer pour la Pentecôte.*

• pour un titre avec **Frau** ou **Herr** :

**Frau Doktor kommt heute nicht.**
*Mme le docteur ne vient pas aujourd'hui.*

• pour traduire "la famille X" ou "les X" :

**Familie Schneider wohnt nicht mehr in Bonn.**
*La famille Schneider n'habite plus à Bonn.*

**Schneiders wohnen jetzt in Lübeck.**
*Les Schneider habitent maintenant à Lübeck.*

Ajout d'un **-s** final au nom.

• après **alle**, **ganz**, **halb**, **nächst** :

**Alle Kinder mögen Schokolade.**
*Tous les enfants aiment le chocolat.*

• dans de nombreuses expressions idiomatiques :

**nach Hause gehen** *aller à la maison*

**zu Hause sein** *être à la maison*

**Glück haben** *avoir de la chance*

**Zeit haben** *avoir du temps*

### • Article défini devant les indications temporelles

**Der März war schön.**
*Le mois de mars a été beau.*

**Im** (contraction de **in dem**) **Frühling kommen die Vögel zurück.**
*Au printemps, les oiseaux reviennent.*

## LES ADJECTIFS

### • Adjectif attribut et adjectif épithète

L'adjectif attribut se place après le verbe et est invariable. L'adjectif épithète se place avant le nom et se décline.

**Meine Jacke ist rot.**
*Ma veste est rouge.*

**Ein roter Hut.**
*Un chapeau rouge.*

## • Déclinaison de l'adjectif épithète

• après un article défini :

→ **-e** au nom. singulier et à l'acc. neutre et féminin ;
→ **-en** aux autres cas.

Également avec **dieser** *(ce)*, **welcher** *(quel)*, **jeder** *(chaque)*, **alle** *(tous/tous les)* ou **solche** *(de tels)*.

• après un article indéfini :

→ marque significative au nom. et à l'acc. singulier ;
→ **-en** aux autres cas.

Également avec **kein** *(pas de, aucun)* ou un adjectif possessif (**mein**, etc).

• sans déterminant :

→ marque significative, sauf au gén. masculin et neutre.

Également après **viele** *(beaucoup de)*, **einige** *(certains/quelques)*, **mehrere** *(plusieurs)*, **wenige** *(peu de)*, **andere** *(d'autres)* ou un nombre.

| | MASCULIN | NEUTRE | FÉMININ | PLURIEL |
|---|---|---|---|---|
| NOM. | • der alt**e** Hund<br>• (m)ein alt**er** Hund<br>• alt**er** Hund | • das klein**e** Pferd<br>• (m)ein klein**es** Pferd<br>• klein**es** Pferd | • die schwarz**e** Katze<br>• (m)eine schwarz**e** Katze<br>• schwarz**e** Katze | • die lieb**en** Tiere<br>• (meine) lieb**en** Tiere<br>• lieb**e** Tiere |
| ACC. | • den alt**en** Hund<br>• (m)einen alt**en** Hund<br>• alt**en** Hund | • das klein**e** Pferd<br>• (m)ein klein**es** Pferd<br>• klein**es** Pferd | • die schwarz**e** Katze<br>• (m)eine schwarz**e** Katze<br>• schwarz**e** Katze | • die lieb**en** Tiere<br>• (meine) lieb**en** Tiere<br>• lieb**e** Tiere |
| DAT. | • dem alt**en** Hund<br>• (m)einem alt**en** Hund<br>• alt**em** Hund | • dem klein**en** Pferd<br>• (m)einem klein**en** Pferd<br>• klein**em** Pferd | • der schwarz**en** Katze<br>• (m)einer schwarz**en** Katze<br>• schwarz**er** Katze | • den lieb**en** Tieren<br>• (meinen) lieb**en** Tieren<br>• lieb**en** Tieren |
| GÉN. | • des alt**en** Hundes<br>• (m)eines alt**en** Hundes<br>• alt**en** Hundes | • des klein**en** Pferds<br>• (m)eines klein**en** Pferds<br>• klein**en** Pferds | • der schwarz**en** Katze<br>• (m)einer schwarz**en** Katze<br>• schwarz**er** Katze | • der lieb**en** Tiere<br>• (meiner) lieb**en** Tiere<br>• lieb**er** Tiere |

Les adjectifs en **-el**, et à l'oral, ceux en **-er** ou **-en**, perdent leur **-e-** lorsqu'ils sont déclinés.

Les adjectifs de la langue parlée (super, klasse...) et ceux dérivés d'un nom de ville (toujours en -er : die Berliner Filmfestspiele) ne se déclinent pas.

## COMPARATIFS ET SUPERLATIFS

### • Comparatif de supériorité : adjectif + *-er* + *als*

**Er ist schneller als ich (es bin).**
*Il est plus rapide que moi (je ne le suis).*

Le complément du comparatif est au cas requis par le verbe.

### • Comparatif d'égalité : *so* + adjectif + *wie*

**Sie ist so schön wie ihre Schwester.**
*Elle est aussi belle que sa sœur.*

### • Comparatif d'infériorité : *nicht so* + adjectif + *wie*

**Aber sie ist nicht so schön wie ihre Mutter.**
*Mais elle est moins belle que sa mère.*

### • Superlatif : adjectif + *-st* ou *-est* + terminaison de l'adjectif

**Wer ist die schönste im ganzen Land?**
*Qui est la plus belle de tout le pays ?*

**die berühmteste Philosphin ihrer Generation**
*la philosophe la plus célèbre de sa génération*

### • Adjectifs en *-d, -s, -sch, -ß, -t, -x* ou *-z*

Pour faciliter leur prononciation, on forme leur superlatif en **-est-** (ajout d'un **-e-** entre le suffixe et la terminaison) : der breiteste *(le plus large)*. Seul groß garde son -ß au comparatif et au superlatif (größer, der größte).

Les adjectifs en **-el** ou **-er** perdent généralement leur **-e-** au comparatif mais le conservent au superlatif.

Ex : dunkel → dunkler → dunkelste.

### • Adjectifs monosyllabiques en *-a-, -o-* ou *-u-*

Ils prennent une inflexion au comparatif et au superlatif.

Ex : klug *(intelligent)* → klüger → der klügste

De même : alt *(vieux)*, arm *(pauvre)*, dumm *(bête)*, grob *(grossier)*, groß *(grand)*, hart *(dur)*, jung *(jeune)*, kalt *(froid)*, krank *(malade)*, kurz *(court)*, lang *(long)*, nah *(proche)*, scharf *(pointu, épicé)*, schwach *(faible)*, schwarz *(noir)*, stark *(fort)*, warm *(chaud)*.

- **Formes irrégulières**

**gut** → besser → der beste + nom / am besten + verbe
*(bon → meilleur → le meilleur / le mieux)*

**hoch** *(haut)* → höher → der höchste

**nah** *(proche)* → näher → der nächste

**gern** + verbe → lieber + verbe → am liebsten + verbe
*(aimer → préférer → préférer par dessus tout)*

## LES PHRASES NÉGATIVES

Les principales négations sont : **kein**, **keine**, **kein** *(pas un/de, aucun)*, **keiner**, **keine**, **kein(e)s** *(personne, aucun)*, **keinerlei** *(aucun)*, **keineswegs** *(d'aucune manière)*, **nicht** *(pas)*, **nicht nur...**, **sondern auch** *(non seulement...mais aussi)*, **nicht mehr** *(plus)*, **nichts** *(rien)*, **nie/niemals** *(jamais)*, **niemand** *(personne)*, **nirgends/nirgendwo** *(nulle part)*, **nirgendwohin** *(nulle part* - direction*)*, **weder...**, **noch** *(ni...ni)*

Contrairement au français, les négations en allemand ne se composent normalement que d'un seul terme :

**Ich rauche nie.**
*Je ne fume jamais.*

**Ich habe kein Geld.**
*Je n'ai pas d'argent.*

Kein se décline : comme ein au singulier ; keine, keine, keinen, keiner au pluriel.

- ***Kein* ou *nicht* ?**

**Kein** (décliné) sert à traduire "pas de, aucun". On emploie **nicht** dans tous les autres cas.

**Ich bin nicht müde.** *Je ne suis pas fatigué.*
**Ich habe keine Kinder.** *Je n'ai pas d'enfants.*

On emploie **kein** (décliné) chaque fois que la phrase affirmative comprend un groupe nominal :

- précédé d'un article indéfini (ein décliné).

**Hast du einen Bruder? Nein, ich habe keinen Bruder.**
*Est-ce que tu as un frère ? Non, je n'ai pas de frère.*

- sans article (partitif ou indéfini pluriel).

**Hast du Hunger? Nein, ich habe keinen Hunger.**
*Est-ce que tu as faim ? Non, je n'ai pas faim.*

**Hast du Geschwister? Nein, ich habe keine Geschwister.**
*As-tu des frères et sœurs ? Non, je n'ai pas de frères et sœurs.*

### • Place de *nicht*

• Généralement après le verbe conjugué et le sujet :

**Es hat heute nicht geregnet.**
*Aujourd'hui, il n'a pas plu.*

• Devant le mot ou groupe de mots sur lequel porte l'accent de la phrase :

**Gestern war es nicht so kalt.**
*Hier, il ne faisait pas aussi froid.*

• Avant le groupe verbal auquel il se rapporte :

**Ich sage dir doch, dass ich nicht nach Berlin fahre!**
*Mais je te dis que je ne vais pas à Berlin !*

• Toujours après un complément d'objet :

**Ich glaube diesem Mann nicht.**
*Je ne crois pas cet homme.*

### UND JETZT SIND SIE DRAN!

**Répondez par une phrase négative.**

1) Haben Sie Kinder? – 2) Wohnen Sie in der Stadt? – 3) Sehen Sie die Ampel? – 4) Gefällt es Ihnen?

*1) Ich habe keine Kinder. – 2) Ich wohne nicht in der Stadt. – 3) Ich sehe die Ampel nicht. – 4) Es gefällt mir nicht.*

## ACCUSATIF OU DATIF ?

### • Toujours suivi de l'accusatif

**durch** *à travers, par*
**für** *pour*
**gegen** *contre, vers*
**ohne** *sans*
**um** *autour de, à*

### • Toujours suivi du datif

**aus** *de, hors de*
**außer** *à part, hors de*
**bei** *chez, à* (localisation)
**gegenüber** *en face (de)*
**gemäss** *selon*
**mit** *avec*
**nach** *après, à, en* (destination)
**seit** *depuis*
**von** *de*
**zu** *chez, à* (destination)

### • Les neuf prépositions spatiales "mixtes"

Selon le sens, elles peuvent être suivies de l'accusatif ou du datif :

**an** *à côté de, à, sur*
**auf** *sur, à*
**hinter** *derrière*
**in** *à, dans*
**neben** *à côté de*
**über** *au-dessus de*
**unter** *sous, au-dessous de*
**vor** *devant, avant*
**zwischen** *entre*

On emploie le datif lorsque la préposition a un sens temporel.

**Nehmen Sie eine Tablette vor dem Essen.**
*Prenez un comprimé avant le repas.*

### • Choix du DIRECTIF

On emploie **l'accusatif** pour indiquer un changement de lieu ou une direction (correspondant à la question wohin?).

**Wohin hast du die Fernsehzeitung gelegt? – Neben den Fernseher.**
*Où as-tu mis le programme ? – À côté de la télévision.*

### • Choix du LOCATIF

On emploie **le datif** pour indiquer où est quelque chose ou quelqu'un (correspondant à la question wo?).

**Wo liegt die Fernsehzeitung? – Neben dem Fernseher.**
*Où est le programme ? – À côté de la télévision.*

Le choix du locatif ou du directif dépend du verbe employé.

**Sens directif → accusatif**
(sauf après zu)

**gehen** *aller à pied*, **fahren** *conduire/aller*, **fallen** *tomber*, **fliegen** *aller en avion*, **fliehen** *s'enfuir*, **hängen** *accrocher*, **kommen** *venir*, **laufen/rennen** *courir*, **legen** *poser à plat*, **schwimmen** *nager*, **(sich) setzen** *(s') asseoir*, **springen** *sauter*, **stellen** *poser verticalement*

**Sens locatif → datif**

**bleiben** *rester*, **hängen** *être accroché*, **leben** *vivre*, **liegen** *être allongé/posé à plat*, **sein** *être*, **sitzen** *être assis*, **stehen** *être debout/posé verticalement*, **wohnen** *habiter*

## LES PHRASES INTERROGATIVES

Tous les pronoms et adverbes interrogatifs allemands commencent par un **W-**.

La construction "Est-ce que" en tête de question ne se traduit pas en allemand : on se contente de placer le verbe en première position.

**Gehst du oft ins Kino?**
*Est-ce que tu vas souvent au cinéma ?*

## • Les interrogatifs en *W-*

> Dans les questions introduites par un interrogatif en **W-**, le verbe se place toujours en deuxième position.

• **was** *quoi, que*

**Was machst du?**
*Que fais-tu ?*

• **wer** *qui*

> Mais **wen** à l'accusatif, **wem** au génitif *(à qui)*, **wessen** au datif *(de qui)*.
>
> **Wem haben Sie mein Buch gegeben?**
> *À qui avez-vous donné mon livre ?*

• **wann** *quand*

**Wann bist du in Köln?**
*Quand seras-tu à Cologne ?*

• **warum** *pourquoi*

**Warum kommst du so spät nach Hause?**
*Pourquoi rentres-tu si tard ?*

• **wo** *où* (localisation)

**Wo wohnst du?**
*Où habites-tu ?*

• **wohin** *où* (destination)

**Wohin fährst du im Urlaub?**
*Où pars-tu en vacances ?*

• **woher** *d'où*

**Woher kommst du?**
*D'où viens-tu ?*

• **welch**- (+ déclinaison) *quel*

**Welchen Tag haben wir heute?**
*Quel jour sommes-nous aujourd'hui ?*

• **wie** *comment*

**Wie heißt du?**
*Comment t'appelles-tu ?*

• **wie oft** *combien de fois*

**Wie oft warst du schon in der Schweiz?**
*Combien de fois es-tu déjà allé en Suisse ?*

• **wie lange** *combien de temps*

**Wie lange bist du in Berlin geblieben?**
*Combien de temps es-tu resté à Berlin ?*

- **wie alt** *quel âge*

  **Wie alt bist du?**
  *Quel âge as-tu ?*

- **wie spät** *quelle heure*

  **Wie spät ist es?**
  *Quelle heure est-il ?*

- **wie viel** (+ déclinaison) *combien (de)*

  **Wie viele Freunde hast du eingeladen?**
  *Combien d'amis as-tu invités ?*

## • Traduire *n'est-ce pas ?*

- **nicht (wahr)?**

Lorsqu'il est employé seul, **nicht?** est plus familier.

**Es ist furchtbar kalt heute, nicht (wahr)?**
*Il fait terriblement froid aujourd'hui, n'est-ce pas ?*

On peut aussi employer **ja?** à la place de **nicht wahr?** :

**Du kommst heute Abend, ja?**
*Tu viens ce soir, n'est-ce pas ?*

- **gell?/gelt?**

Dans le sud de l'Allemagne et en Autriche, on emploie fréquemment **gell?** ou **gelt?** dans la langue parlée :

**Münchner Bier schmeckt gut, gell?**
*La bière de Munich est bonne, hein ?*

- **oder?**

  **Du isst doch Fleisch, oder?**
  *Tu manges de la viande, n'est-ce pas ?*

## • Au discours indirect

Tous ces interrogatifs en **W-** peuvent introduire une subordonnée interrogative indirecte, avec des verbes comme **fragen** *(demander)*, **sich fragen** *(se demander)*, **wissen wollen** *(vouloir savoir)*, etc.

**Ich möchte gerne wissen, wie lange Sie in Berlin gelebt haben.**
*J'aimerais savoir combien de temps vous avez vécu à Berlin.*

Dans une subordonnée interrogative, pensez à faire passer le verbe conjugué à la fin de la phrase et, à l'écrit, à mettre une virgule avant le mot interrogatif.

Lorsque la phrase "d'origine" contient un interrogatif :

| | | |
|---|---|---|
| **Wann geben Sie Ihr nächstes Konzert?**<br>*Quand allez-vous donner votre prochain concert ?* | → | **Man fragt, wann Sie Ihr nächstes Konzert geben.**<br>*On demande quand vous allez donner votre prochain concert.* |

**Warum gefällt es euch nicht?** → **Sagt mal, warum es euch nicht gefällt.**
*Pourquoi ne l'aimez-vous pas ?* → *Dites-moi pourquoi vous ne l'aimez-pas.*

Lorsque la phrase "d'origine" ne contient pas d'interrogatif, la question au discours indirect est introduite par **ob** :

**Kann er Deutsch?** → **Ich bin gespannt, ob er Deutsch kann.**
*Sait-il parler allemand ?* → *Je suis curieux de savoir s'il sait parler allemand.*

**Hast du gut geschlafen?** → **Sie hat mich gefragt, ob ich gut geschlafen hätte.**
*As-tu bien dormi ?* → *Elle m'a demandé si j'avais bien dormi.*

## L'ORDRE DES ÉLÉMENTS DANS LA PHRASE

En allemand, l'ordre des mots dans la phrase est beaucoup plus fixe qu'en français.

• Si la phrase commence par un complément circonstanciel, le verbe conjugué vient juste après.

**Nach dem Essen wollten wir ins Kino gehen.**
*Après manger, on voulait aller au cinéma.*

Notez qu'il n'y a jamais de virgule après un complément placé en début de phrase. Voir aussi p. 42.

• Il est très courant en allemand de commencer une phrase par un autre élément que le sujet, comme un adverbe, un complément d'objet direct, etc. Quand il n'est pas en début de phrase, le sujet se place après le verbe conjugué.

**In den Ferien fahren wir immer nach Italien.**
*Pour les vacances, nous allons toujours en Italie.*

**Leider fällt der Unterricht heute aus.**
*Il n'y a malheureusement pas de cours aujourd'hui.*

**Die Hälfte des Personals hat man schon entlassen.**
*On a déjà licencié la moitié du personnel.*

Mais un nom sujet peut précéder ou suivre un pronom complément d'objet.

**Morgen trifft meine Frau ihn am Flughafen.**

**Morgen trifft ihn meine Frau am Flughafen.**
*Mon épouse va le chercher demain à l'aéroport.*

• Le participe passé, l'infinitif complément d'un verbe de modalité ou le préverbe séparable se placent toujours en dernière position.

**Was haben Sie hier geschrieben?**
*Qu'avez-vous écrit ici ?*

**Können Sie mir helfen?**
*Pouvez-vous m'aider ?*

**Machen Sie bitte das Fenster auf!**
*Ouvrez la fenêtre, s'il vous plaît !*

• Le complément au datif se place généralement devant le complément à l'accusatif.

**Ich schenke meinem Vater ein Buch.**
*J'offre un livre à mon père.*

On observe l'ordre inverse si les deux compléments sont des pronoms.

**Ich schenke es ihm.**
*Je le lui offre.*

De manière générale, un pronom se place avant le groupe nominal, quelque soit son cas.

**Ich schenke es meinem Vater zum Geburtstag.**
*Je l'offre à mon père pour son anniversaire.*

• Dans une proposition subordonnée introduite par un pronom relatif ou par une conjonction de subordination, le verbe conjugué se place à la fin de la proposition.

**Der Film, dessen Geschichte so spannend ist, ist nach einem Roman von Tom Clancy.**
*Le film, dont l'histoire est tellement passionnante, est inspiré d'un roman de Tom Clancy.*

**Nachdem sie das Rauchen aufgegeben hatte, fühlte sie sich viel besser.**
*Après avoir arrêté de fumer, elle s'est sentie beaucoup mieux.*

Lorsque deux propositions subordonnées suivent la même conjonction, il faut placer le verbe à la fin de chacune d'elles.

**Wenn er morgen kommt und die Leitung endlich repariert...**
*Quand il viendra demain pour réparer enfin la tuyauterie...*

**UND JETZT SIND SIE DRAN!**

**Replacez les éléments dans le bon ordre.**

1) helfen / Ihnen / soll / ich / ?

2) gekauft / habe / mir / ich / einen neuen / Computer / .

3) im August / nach Nürnberg / wir / fahren / .

*1) Soll ich Ihnen helfen? – 2) Ich habe mir einen neuen Computer gekauft. – 3) Im August fahren wir nach Nürnberg ou Wir fahren im August nach Nürnberg.*

# LES CONJONCTIONS

## • Conjonctions de coordination

**aber** *mais* — **denn** *car* — **oder** *ou bien*
**und** *et* — **sondern** *mais* (après une négation)

Pour les mémoriser : ADUSO (dans l'ordre : aber, denn, und, sondern, oder).

Elles se placent à la jonction des deux propositions qu'elles relient, sans modifier l'ordre des mots.

**Ich hatte einen Regenschirm mit, aber es hat nicht geregnet.**
*J'avais pris un parapluie, mais il n'a pas plu.*

Avec certaines conjonctions, le verbe passe en première position : **dann** *(alors)*, **danach** *(après)*, **daher/darum/deshalb** *(c'est pourquoi)*, **trotzdem** *(quand même)*.

**Es soll heute regnen, deshalb <u>nehme</u> ich einen Regenschirm mit.**
*Il doit pleuvoir aujourd'hui, c'est pourquoi je prends un parapluie.*

Certaines conjonctions se composent de deux parties : **sowohl... als auch** *(non seulement... mais encore)*, **nicht nur..., sondern auch** *(non seulement... mais aussi)*, **entweder..., oder** *(soit... soit/ou... ou)*, **weder... noch** *(ni... ni)*.

**Nicht nur das Essen, sondern auch das Bier war sehr teuer.**
*Non seulement la nourriture était chère, mais la bière aussi.*

**Entweder sie zahlen mehr oder wir kündigen den Vertrag.**
*Soit ils nous versent plus d'argent, soit nous annulons le contrat.*

## • Conjonctions de subordination

Elles impliquent toujours un passage du verbe conjugué en dernière position.

# Grammaire

• Subordonnées complétives

**dass** *que* (**sagen**, **dass** *dire que* ; **erzählen**, **dass** *raconter que*)

**ob** *si* (**fragen**, **ob** *demander si* ; **nicht wissen**, **ob** *ne pas savoir si*)

• Subordonnées de comparaison

**als ob** (+ subjonctif II) *comme si*

• Subordonnées de temps (Voir aussi pp. 27–28)

**als** *lorsque* (action unique)

**nachdem** *après que*

**bevor** *avant que*

**während** *pendant que*

**seit/seitdem** *depuis que*

**wenn** *quand* (action répétée)

**bis** *jusqu'à ce que*

**sobald** *dès que*

• Subordonnées de cause

**weil** *parce que*

**da** *puisque*

• Subordonnées de conséquence

**so dass** *si bien que*

• Subordonnées de but

**damit** *afin que*

• Subordonnées de concession

**obwohl** *bien que*

**während** *alors que*

On peut parfois omettre les conjonctions **dass** *(que)* ou **wenn** *(si)* :

• Lorsque la proposition subordonnée en question vient après la proposition principale, le verbe conjugué occupe sa position "normale" (la deuxième position) dans la subordonnée.

**Bitte sag ihm, ich hätte große Lust dazu.**
*Dis-lui, s'il te plaît, que j'en aurais très envie.*

• Lorsque la proposition subordonnée vient avant la proposition principale, c'est-à-dire qu'elle occupe la première place, le verbe conjugué de la principale se place juste après la proposition subordonnée.

**Hätten wir nur Zeit, würden wir so viel tun.**
*Si seulement nous avions du temps, nous ferions tellement de choses.*

N'oubliez pas de mettre une virgule avant la subordonnée.

# QUELQUES DIFFICULTÉS DE TRADUCTION

Certains termes français se traduisent différemment selon le contexte ou selon leur catégorie grammaticale. Par exemple, des mots courants tels que *quand*, *après* ou *avant* ont une traduction différente en allemand selon qu'ils sont employés comme adverbes ou comme conjonctions.

## • Traduire *quand*

• Pour exprimer un événement dans le futur, on emploie **wenn**.

**Wenn ich nächste Woche nach New York fliege, nehme ich dich mit.**
*Quand j'irai à New York la semaine prochaine, je t'emmènerai avec moi.*

**Wenn wir in Zukunft nichts zu tun haben, ruhen wir uns aus.**
*À l'avenir, quand nous n'aurons plus rien à faire, nous nous reposerons.*

Dans ces phrases, **wenn** pourrait également se traduire par *si*. Seul le contexte permet d'indiquer la bonne traduction.

Contrairement au français, l'allemand emploie le présent après **wenn**.

• Pour exprimer une action ou un état répété dans le présent, le passé ou le futur, on emploie **wenn**.

**Wenn er abends Hunger hat, isst er immer Erdnüsse.**
*Quand il a faim le soir, il mange toujours des cacahuètes.*

**Wenn die Sonne schien, pflegten wir im Freien zu spielen.**
*Lorsque le soleil brillait, nous jouions dehors.*

• Pour un événement ou un état unique dans le passé, on emploie **als**.

**Als wir euch zum ersten Mal sahen, bekamen wir einen Schock.**
*Quand nous vous avons vus pour la première fois, nous avons eu un choc.*

**Als ich sechs Jahre alt war, konnte ich noch nicht lesen.**
*Quand j'avais six ans, je ne savais pas encore lire.*

• Pour des questions directes et indirectes, on emploie **wann** (voir aussi pp. 21-22).

**Wann gehst du endlich ins Bett?**
*Quand vas-tu enfin aller te coucher ?*

**Ich möchte wissen, wann du endlich ins Bett gehst.**
*Je voudrais savoir quand tu vas enfin aller te coucher.*

Notez qu'au discours indirect, **wann** suit des verbes d'expression (*dire*, *demander*, etc.) ou des verbes ayant un sens équivalent, même s'il n'implique pas une question :

**Ich habe vergessen, wann er sie getroffen hat.**
*J'ai oublié quand il l'a rencontrée.*

## • Traduire *avant* (temporel)

• Pour traduire *avant* comme adverbe de temps (= auparavant), on emploie **vorher** ou **zuvor**.

**Vorher/zuvor war er Übersetzer.**
*Avant, il était traducteur.*

• Pour traduire *avant* comme préposition, on emploie **vor** + datif.

**Vor dem Konzert war dieser Musiker sehr nervös.**
*Avant le concert ce musicien était très nerveux.*

• Pour traduire *avant que* + verbe conjugué ou *avant de* + infinitif, on emploie **bevor** + verbe conjugué.

**Ich muss das Haus putzen, bevor er kommt/bevor ich abfahre.**
*Je dois nettoyer la maison avant qu'il n'arrive/avant de partir.*

Notez que l'on n'emploie pas la négation après **bevor** en allemand, ni le subjonctif.

## • Traduire *après* (temporel)

• On emploie **danach** pour traduire *après* comme adverbe de temps s'il indique un moment précis du passé par rapport à un événement qui s'est déroulé auparavant.

**Danach sind wir ins Kino gegangen.**
*Après (ça) on est allé au cinéma.*

• On emploie **nachher** pour traduire *après* comme adverbe de temps s'il indique une action se déroulant juste après un point dans le temps.

**Nachher gehen wir ins Kino.**
*Après on ira au cinéma.*

**Nachher sind wir einen trinken gegangen.**
*Après on est allé boire un pot.*

• Pour traduire *après* comme préposition, on emploie **nach** + datif.

**Ich treffe dich nach der Arbeit.**
*Je te verrai après le travail.*

• Pour traduire *après que* + verbe conjugué ou *après* + infinitif, on emploie **nachdem** + verbe conjugué.

**Nachdem meine Mutter Deutschland besucht hatte, flog sie nach Italien.**
*Après avoir visité l'Allemagne, ma mère s'est envolée pour l'Italie.*

## • Traduire *ne... que* : *nur* ou *erst* ?

• L'adverbe **nur** signifie *seulement* ou *ne... que* dans le sens d'une restriction définitive (= en tout et pour tout, uniquement). On emploie **nur** pour traduire *ne... que* devant une quantité ou une durée.

**Ich habe nur drei Euro in meiner Tasche.**
*Je n'ai que trois euros dans ma poche.*

**Ich werde dort nur zwei Wochen bleiben.**
*Je ne vais rester que quinze jours là-bas.*

• L'adverbe **erst** signifie aussi *seulement* ou *ne... que* dans un sens temporel de restriction par rapport à un moment donné dans le temps (= pas avant, pas plus tard que).

**Sie fährt erst nächste Woche nach Deutschland.**
*Elle ne partira pour l'Allemagne que la semaine prochaine.*

**Es ist erst drei Uhr.**
*Il n'est que trois heures.*

**Erst dann wurde mir klar, dass...**
*C'est seulement à ce moment-là que j'ai compris que...*

• Dans un sens quantitatif, **erst** peut indiquer une restriction provisoire d'une durée ou d'une quantité.

**Er ist erst zwei Stunden hier.**
*Il n'est là que depuis deux heures* (mais il va rester plus longtemps).

**Zurzeit hat sie erst die Hälfte gemacht.**
*Pour l'instant, elle n'a fait que la moitié.*

Comparez :

**Ich hatte erst/nur zehn Minuten gewartet, da kam er schon.**
*Cela ne faisait que dix minutes que j'attendais quand il est arrivé.*

**Ich hatte nur zehn Minuten warten müssen.**
*Je n'avais dû attendre que dix minutes* (et pas plus).

**Ich warte erst zehn Minuten, das ist nicht zu lang.**
*Cela ne fait que dix minutes que j'attends, ce n'est pas trop long.*

## • Traduire *il y a*

• L'allemand emploie souvent des verbes de position tels que **stehen** *(être debout)*, **sitzen** *(être assis)*, **liegen** *(être couché)*, **hängen** *(être suspendu)* pour traduire *il y a*.

**Eine Zeitung liegt auf dem Sofa.**
*Il y a un journal sur le canapé.*

**An der Ecke steht ein Parkhaus.**
*Il y a un parking couvert au coin de la rue.*

## Grammaire

**• Es gibt**

L'expression **es gibt** s'emploie dans des affirmations qui, en général, rapportent le fait que quelque chose existe (ou n'existe pas). Il est suivi de noms ou de pronoms, singuliers ou pluriels, à l'accusatif. Notez les formes aux différents temps : **es gab**, **es hat(te) gegeben**, **es wird geben**, etc.

**Es gibt keine Giftschlangen in Irland.**
*Il n'y a pas de serpents venimeux en Irlande.*

**Es gab damals wenig zu tun.**
*Il y avait peu de choses à faire en ce temps-là.*

**So was wird es nicht mehr geben!**
*Une chose pareille ne se reproduira plus !*

Notez les différentes expressions idiomatiques avec **es gibt** :

**Was gibt's?**
*Qu'est-ce qui se passe ?*

**Heute Abend gibt es Milchreis.**
*Ce soir il y a du gâteau de riz.*

**Das gibt's doch nicht!**
*Ça alors, ce n'est pas possible !*

**• Es ist, es sind**

On les emploie pour indiquer une présence, souvent temporaire, dans un espace défini ; **es ist** est suivi d'un nom singulier et **es sind** d'un nom pluriel, tous les deux au nominatif. Le **es** disparaît lorsqu'il n'occupe plus la première place.

**Es sind Würstchen im Kühlschrank.**
**Würstchen sind im Kühlschrank.**
*Il y a des saucisses dans le frigo.*

**Herr Ober, in meiner Suppe ist eine Fliege!**
*Garçon, il y a une mouche dans ma soupe !*

**Es war jemand an der Tür.**
**Jemand war an der Tür.**
*Il y avait quelqu'un à la porte.*

### • Traduire *il y a* au sens temporel

• Quand *il y a* renvoie à un point précis du passé, on emploie **vor** + complément circonstanciel de temps au datif.

**Ich bin vor einer Woche im Theater gewesen.**
*Il y a une semaine, j'étais au théâtre.*

• Quand *il y a* marque un point à partir duquel un événement s'est produit, on emploie alors **es ist/sind** + complément circonstanciel de temps à l'accusatif + **her, dass**.

**Es sind drei Monate her, dass er gestorben ist.**
*Il y a trois mois qu'il est mort.*

• Si l'expression *il y a* insiste sur le début d'un événement et sur sa durée, on emploie **seit** + complément circonstanciel de temps au datif ou **schon** + complément circonstanciel de temps à l'accusatif.

**Ich habe diese Platten seit langem nicht gehört.**
**Ich habe diese Platten schon lange nicht gehört.**
*Il y a longtemps que je n'ai pas écouté ces disques.*

# VERBES

## INTRODUCTION

### • L'infinitif se termine toujours par *-en*

Ex : **kaufen** *(acheter)*.

On trouve aussi des infinitifs en **-n**, mais ils sont très rares.

Ex : **tun** *(faire)*.

### • Le radical est formé de l'infinitif sans *-en*

Ex : **kauf**- est le radical de **kaufen**.

• Les verbes empruntés à l'anglais ont été assimilés en ajoutant -**n** ou -**en** à l'infinitif :

to manage est devenu **managen** ;

**to check** est devenu **checken**.

• Ceux empruntés au français ont été assimilés en ajoutant -**ieren** :

**décorer** est devenu **dekorieren**.

### • Le radical des verbes irréguliers est modifié

En effet, quand un verbe est irrégulier, c'est son radical qui change et non ses terminaisons.

Par exemple, au présent, le radical des verbes forts en -**a**- et en -**e**- change aux 2^e^ et 3^e^ personnes du singulier :

Le radical de **schlafen** *(dormir)* devient **schläf**-.

Celui de **sehen** *(voir)* devient **sieh**-.

### • Les verbes à préverbes séparables

Leur préverbe se détache de la forme conjuguée.

Ex : **mitmachen** *(participer)* → **ich mache mit** *(je participe)*.

**UND JETZT SIND SIE DRAN!**

**I. Quel est le radical de ces verbes** ?

1) reparieren – 2) tun – 3) surfen

**II. À quelle langue sont empruntés ces verbes** ?

1) kombinieren – 2) mailen – 3) shoppen

a) anglais – b) français – c) russe

*I. 1) reparier – 2) tu – 3) surf. II. 1b – 2a – 3a.*

## LES TERMINAISONS DU PRÉSENT

**• Terminaisons de tous les verbes**

| Terminaisons | **spielen** *(jouer)* |
|---|---|
| -e | ich spiele |
| -st | du spielst |
| -t | er/sie/es spielt |
| -en | wir spielen |
| -t | ihr spielt |
| -en | sie spielen |

**• Terminaisons des verbes de modalité**

| Terminaisons | **sollen** *(devoir, on me dit de faire)* |
|---|---|
| -Ø | ich soll |
| -st | du sollst |
| -Ø | er/sie/es soll |
| -en | wir sollen |
| -t | ihr sollt |
| -en | sie sollen |

(wir / sie : -en) Même forme que l'infinitif.

Retenez bien ces terminaisons : elles vous serviront pour former le prétérit et le conditionnel de tous les verbes.

## LE PRÉSENT DES VERBES DE MODALITÉ

À l'exception de **sollen**, tous les verbes de modalité subissent une modification de leur radical aux trois personnes du singulier.

**mögen** *(bien aimer)*

ich mag
du magst
er/sie/es mag
wir mögen
ihr mögt
sie mögen

(ich, du, er/sie/es) -ö- devient -a-

**können** *(pouvoir, savoir)*

ich kann
du kannst
er/sie/es kann
wir können
ihr könnt
sie können

(ich, du, er/sie/es) -ö- devient -a-

**müssen** *(devoir, être obligé de)*

ich muss
du musst
er/sie/es muss
wir müssen
ihr müsst
sie müssen

(ich, du, er/sie/es) -ü- devient -u-

**wollen** *(vouloir)*

ich will
du willst
er/sie/es will
wir wollen
ihr wollt
sie wollen

(ich, du, er/sie/es) -o- devient -i-

**dürfen** *(pouvoir, avoir la permission de)*

ich darf
du darfst
er/sie/es darf
wir dürfen
ihr dürft
sie dürfen

(ich, du, er/sie/es) -ü- devient -a-

### • Le verbe *wissen*

Le verbe **wissen** se conjugue sur le même modèle : pas de terminaison aux 1re et 3e personnes du singulier et un radical modifié aux trois personnes du singulier.

| **wissen** *(savoir)* | |
|---|---|
| **ich weiß** | -i- devient -ei- |
| **du weißt** | |
| **er/sie/es weiß** | |
| **wir wissen** | |
| **ihr wißt** | |
| **sie wissen** | |

## LE PRÉSENT DES AUXILIAIRES

| **haben** *(avoir)* | |
|---|---|
| **ich habe** | |
| **du hast** | Le -b- du radical tombe aux 2e et 3e personnes du singulier. |
| **er/sie/es hat** | |
| **wir haben** | |
| **ihr habt** | |
| **sie haben** | |
| **sein** *(être)* | **Sein** est complètement irrégulier. |
| **ich bin** | |
| **du bist** | |
| **er/sie/es ist** | |
| **wir sind** | |
| **ihr seid** | |
| **sie sind** | |

### • Un verbe très utile : *werden*

Outre son sens de “devenir”, **werden** sert à former le futur, le conditionnel et le passif.

| **werden** *(devenir)* | |
|---|---|
| **ich werde** | |
| **du wirst** | • Le -e- devient -i- aux 2e et 3e personnes du singulier. |
| **er/sie/es wird** | • Le -d- du radical tombe à la 2e personne du singulier. |
| **wir werden** | • Pas de terminaison à la 3e personne du singulier. |
| **ihr werdet** | |
| **sie werden** | |

# LES VERBES FORTS AU PRÉSENT

## • Verbes forts en *-a-*

| **fallen** *(tomber)* | | Sur le même modèle |
|---|---|---|
| ich falle<br>du fällst<br>er/sie/es fällt<br>wir fallen<br>ihr fallt<br>sie fallen | Le **-a-** du radical devient **-ä-** aux 2e et 3e personnes du singulier. | **backen, blasen, braten, fahren, fangen, halten, laden, lassen, raten, schlafen, schlagen, waschen** et leurs composés |

De plus en plus, le verbe **backen** est conjugué régulièrement.

## • Verbes forts en *-e-*

| **brechen** *(casser)* | | Sur le même modèle |
|---|---|---|
| ich breche<br>du brichst<br>er/sie/es bricht<br>wir brechen<br>ihr brecht<br>sie brechen | Le **-e-** du radical devient **-i-** *(i bref)* aux 2e et 3e personnes du singulier. | **erschrecken, essen, fressen, geben, messen, nehmen, sprechen, sterben, treffen, vergessen, werfen** et leurs composés |

| **sehen** *(voir)* | | Sur le même modèle |
|---|---|---|
| ich sehe<br>du siehst<br>er/sie/es sieht<br>wir sehen<br>ihr seht<br>sie sehen | Le **-e-** du radical devient **-ie-** *(i long)* aux 2e et 3e personnes du singulier. | **befehlen, empfehlen, geschehen, stehlen** et leurs composés |

Une voyelle est toujours longue devant un **-e-**, un **-h-** ou un **-ß-** ou bien devant une seule consonne.

# AUTRES IRRÉGULARITÉS AU PRÉSENT

## • Verbes au radical en *-s, -ß, -x* ou *-z*

| **essen** *(manger)* | **schließen** *(fermer)* | |
|---|---|---|
| ich esse | ich schließe | |
| du **isst** | du **schließt** | Même forme aux 2e et 3e personnes du singulier. |
| er/sie/es **isst** | er/sie/es **schließt** | |
| wir essen | wir schließen | |
| ihr esst ihr schließt | | |
| sie essen | sie schließen | |

| **boxen** *(boxer)* | **sitzen** *(être assis)* | |
|---|---|---|
| ich boxe | ich sitze | |
| du **boxt** | du **sitzt** | Même forme aux 2e et 3e personnes du singulier. |
| er/sie/es **boxt** | er/sie/es **sitzt** | |
| wir boxen | wir sitzen | |
| ihr boxt | ihr sitzt | |
| sie boxen | sie sitzen | |

## • Verbes faibles au radical en *-d, -t* ou plusieurs consonnes

| **entscheiden** *(décider)* | **antworten** *(répondre)* |
|---|---|
| ich entscheide | ich antworte |
| du entscheid**e**st | du antwort**e**st |
| er/sie/es entscheid**et** | er/sie/es antwort**et** |
| wir entscheiden | wir antworten |
| ihr entscheid**et** | ihr antwort**et** |
| sie entscheiden | sie antworten |

| **trocknen** *(sécher)* |
|---|
| ich trockne |
| du trockn**e**st |
| er/sie/es trockn**et** |
| wir trocknen |
| ihr trockn**et** |
| sie trocknen |

Ajout d'un **-e-** :
- aux 2e et 3e personnes du singulier.
- à la 2e personne du pluriel.

## • Verbes forts au radical en *-t*

| **fechten** *(faire de l'escrime)* | **halten** *(s'arrêter)* | |
|---|---|---|
| ich fechte | ich halte | |
| du fichtst | du hältst | |
| er/sie/es fich**t** | er/sie/es häl**t** | Chute du **-t-** du radical à la 3e personne du singulier. |
| wir fechten | wir halten | |
| ihr fecht**e**t | ihr halt**e**t | Ajout d'un **-e-** à la 2e personne du pluriel. |
| sie fechten | sie halten | |

# EMPLOI DES VERBES DE MODALITÉ

## DIFFICULTÉS DE TRADUCTION

*Je ne dois pas me coucher trop tard.*
**Ich darf nicht zu spät ins Bett gehen.** (et non **muss** !)

*Il sait bien se servir d'un ordinateur.*
**Er kann gut mit dem Computer umgehen.** (et non **weiß** !)

*Il faut que je travaille.*
**Ich muss arbeiten*.**

*Voulez-vous/Veux-tu que je parte ?*
**Soll ich gehen*?**

*Le père dit aux enfants de se taire.*
**Der Vater sagt den Kindern, dass sie schweigen sollen.**

*On n'emploie pas le subjonctif !

## • Leur place dans la phrase

L'infinitif complément d'un verbe de modalité se place toujours à la fin de la phrase :

**In Deutschland darf Étienne kein Französisch sprechen.**
*En Allemagne, Étienne ne doit pas* **parler** *français.*

## • Omission possible du verbe directionnel

L'idée de direction sous-entendue par les compléments de lieu directionnels est tellement forte qu'elle permet l'omission des verbes **fahren**, **gehen** ou **fliegen** précédés d'un verbe de modalité.

**Sylvia will nach Hause.**
*Sylvia veut rentrer à la maison.*

Dans le sens de "parler une langue", **sprechen** est omis quand il est employé avec **können**.

**Étienne kann gut Deutsch.**
*Étienne parle bien allemand.*

**UND JETZT SIND SIE DRAN!**

**Traduisez.**

1) Il faut que j'y aille. – 2) Il sait skier. – 3) Tu ne dois pas manger autant ! – 4) Voulez-vous que je vous accompagne à Paris ?

*1) Ich muss gehen. – 2) Er kann ski fahren. – 3) Du darfst nicht so viel essen! – 4) Soll ich mit nach Paris (fahren)?*

## L'IMPÉRATIF

### • Formes régulières

| | **bleiben** *(rester)* | **zuhören** *(écouter)* | |
|---|---|---|---|
| 2^e^ personne du singulier | **bleib!** | **hör zu!** | → radical sans terminaison |
| 2^e^ personne du pluriel | **bleibt!** | **hört zu!** | → radical + **-t** |
| Forme de politesse | **bleiben Sie!** | **hören Sie zu!** | → pronom **Sie** placé après le verbe |

Le préverbe séparable se détache du verbe à l'impératif pour se placer en fin de phrase.

### • Formes irrégulières des verbes forts en -e-

| | **sprechen** *(parler)* | **lesen** *(lire)* | |
|---|---|---|---|
| 2^e^ personne du singulier | **sprich!** | **lies!** | → Le **-e-** devient **-i-** *(i bref)* ou **-ie-** *(i long)*, comme à l'indicatif présent. |
| 2^e^ personne du pluriel | **sprecht!** | **lest!** | |
| Forme de politesse | **sprechen Sie!** | **lesen Sie!** | |

### • La 1^re^ personne du pluriel

On emploie la forme "**lass uns** + infinitif" quand on s'adresse à une seule personne et "**lasst uns** + infinitif" quand on s'adresse à plusieurs personnes.

**Lasst uns gehen** ressemble à l'anglais **Let's go**.

### • *Sollen* + infinitif au discours indirect

Ex : **Der Vater sagt dem Kind: "Komm schnell!"**

→ **Der Vater sagt dem Kind, dass es kommen soll.**

## UND JETZT SIND SIE DRAN!

**Traduisez.**

1) Viens vite ! – 2) Mange donc un peu ! – 3) Regarde ! – 4) Répétez, s'il vous plaît. – 5) Finissons-en !

*1) Komm schnell! – 2) Iss doch ein bisschen! – 3) Guck mal! – 4) Wiederholt/Wiederholen Sie bitte! – 5) Lasst uns Schluss machen!*

# L'EXPRESSION DU FUTUR

## • Présent + complément de temps

Pour exprimer le futur, il suffit le plus souvent d'employer le présent avec une locution temporelle de sens futur :

**Ich komme morgen wieder.**
*Je reviendrai demain.*

Ces compléments de temps ne sont jamais séparés par une virgule du reste de la phrase. S'ils sont en tête de phrase, le verbe conjugué suit immédiatement :

**In den Ferien fahren wir nach Spanien.**
*Pendant les vacances, nous irons en Espagne.*

## • *Werden* + infinitif du verbe

**Du wirst dich freuen.**
*Tu seras content.*

**Werden** est irrégulier.

L'infinitif qui accompagne **werden** se place à la fin de la phrase.

La forme française du futur proche "(aller + verbe)" ne se traduit pas par le verbe **gehen** mais par le présent du verbe et un complément de temps.

*Je vais aller à Venise pour Pâques.*
**Zu Ostern fliege ich nach Venedig.**

### QUELQUES COMPLÉMENTS DE TEMPS UTILES

**Adverbes**

**bald** *bientôt*, **morgen** *demain*, **später** *plus tard*, **demnächst** *prochainement*, **nachher** *après*

**Locutions**

**nächste Woche** *la semaine prochaine*, **nächsten Monat** *le mois prochain*, **nächstes Jahr** *l'année prochaine*, **morgen früh** *demain matin*, **morgen Mittag** *demain midi*, **morgen Abend** *demain soir*, **in acht/zehn Tagen** *dans huit/dix jours*, **in nächster Zeit** *sous peu*

## LA PLACE DU VERBE CONJUGUÉ DANS LA PHRASE

### • en première position

• **dans une question fermée** (à laquelle on répond par **ja** ou **nein**) :

**Hast du heute schon gebadet? – Ja.**
*T'es-tu déjà baigné aujourd'hui ? – Oui.*

• **dans une impérative :**

**Kommen Sie, bitte!**
*Venez, s'il vous plaît !*

• **dans une exclamative :**

**Ist das schön!**
*Comme c'est beau !*

### • en deuxième position

• **dans une proposition indépendante :**

**In unserer Schule gab es eine Theatergruppe.**
*Dans notre école, il y avait un groupe de théâtre.*

• **dans une question ouverte** (question en **W**-) :

**Woher kommst du?**
*D'où viens-tu ?*

### • en dernière position

• **dans une subordonnée :**

**Ich gehe heute nicht schwimmen, weil ich erkältet bin.**
*Je ne vais pas à la piscine aujourd'hui parce que je suis enrhumé.*

Contrairement au français, il n'y a jamais de virgule pour séparer le complément de lieu ou de temps et le verbe conjugué qui suit. Le verbe conjugué suit immédiatement le complément circonstanciel et le sujet est relégué après le verbe conjugué.

**Am Wochenende mache ich immer einen Waldlauf.**
*Le week-end, je fais toujours un jogging dans la forêt.*

**In Paris haben viele Museen dienstags geschlossen.**
*À Paris, de nombreux musées sont fermés le mardi.*

Lorsqu'une phrase commence par une proposition subordonnée, on trouve un verbe conjugué de chaque côté de la virgule :

**Als ich klein war, fuhren wir immer in den Schwarzwald.**
*Quand j'étais petit, nous allions toujours dans la Forêt-Noire.*

## LE PARTICIPE PASSÉ

### • Verbes réguliers : *ge-* + radical + *-t*

**Paul hat gestern im Garten gespielt.**
*Hier, Paul a joué dans le jardin.*

### • Verbes irréguliers

Leur participe passé se forme en **ge**- + radical (souvent) modifié + -**en**.

Ex : **helfen** → **geholfen.**

### • Verbes à préverbe séparable

Le -**ge**- se place entre le préverbe et le radical.

**Er hat das Fenster aufgemacht.**
*Il a ouvert la fenêtre.*

### • Verbes à préverbe inséparable

Leur participe passé se forme sans -**ge**-.

Ces verbes, qui commencent par **be**-, **emp**-, **ent**-, **er**-, **ge**-, **miss**-, **ver**- ou **zer**-, peuvent être réguliers ou irréguliers.

**Hast du meinen Brief schon bekommen?**
*As-tu déjà reçu ma lettre ?*

Pour retenir la liste des préverbes inséparables :
**"Cerbère gémit en enfer"** (zer-, be-, er-, ge-, miss-, emp-, ent-, ver-) !

### • Verbes en *-ieren*

Leur participe passé se forme également sans **ge**-.

**Was ist passiert?**
*Que s'est-il passé ?*

**• Verbes de modalité**

Il existe deux formes.

• Forme **ge-** + radical éventuellement modifié + **-t** si le verbe de modalité est employé seul ou suivi d'un groupe nominal COD.

**Sie hat diesen Job gewollt.**
*Elle a voulu ce boulot.*

Participe passé des verbes de modalité :

| | |
|---|---|
| **können → gekonnt** | **dürfen → gedurft** |
| **müssen → gemusst** | **wollen → gewollt** |
| **mögen → gemocht** | **sollen → gesollt** |

• Forme de double infinitif si le verbe de modalité a pour complément un autre verbe.

**Er hat ihm immer helfen wollen.**
*Il a toujours voulu l'aider.*

Les deux infinitifs se placent en fin de phrase, avec le verbe de modalité en dernier.

## LE PARFAIT ET LE PLUS-QUE-PARFAIT

**• Parfait : auxiliaire au présent + participe passé**

**Gestern Abend haben wir Pizza gegessen.**
*Hier soir, nous avons mangé une pizza.*

Le participe passé se place toujours à la fin d'une proposition indépendante.

**• Plus-que-parfait : auxiliaire au prétérit + participe passé**

**Die Kinder hatten schon den ganzen Nachmittag ferngesehen, als der Vater nach Hause kam.**
*Les enfants avaient regardé la télévision tout l'après-midi quand leur père rentra.*

Pas de problème d'accord : le participe passé est toujours invariable.

**• Auxiliaire *haben* avec la majorité des verbes**

On emploie **haben** avec les verbes suivis d'un COD et tous les verbes pronominaux :

**Du hast ein schönes Buch gelesen.**
*Tu as lu un beau livre.*

**Ich habe mich gewaschen.**
*Je me suis lavé.*

### • Auxiliaire *sein* avec les verbes exprimant un changement de lieu ou d'état

**Wohin seid ihr am Wochenende gefahren?**
*Où êtes-vous allés pour le week-end ?*

**Wann bist du eingeschlafen?**
*Quand t'es-tu endormi ?*

### • Auxiliaire *sein* avec cinq autres verbes

Les verbes **passieren**, **geschehen**, **sein**, **werden** et **bleiben** se construisent également avec l'auxiliaire **sein**.

**UND JETZT SIND SIE DRAN!**

**Mettez au parfait.**

1) Ich mache die Tür auf. – 2) Sie fotografieren alles!
3) Er bekommt viel Post. – 4) Du fliegst nach Berlin.

*1) Ich habe die Tür aufgemacht. – 2) Sie haben alles fotografiert! –*
*3) Er hat viel Post bekommen. – 4) Du bist nach Berlin geflogen.*

## LE PRÉTÉRIT

Il n'y a jamais de **-t** final à la 3e personne du singulier au prétérit.

### • Verbes faibles

Radical + **-te**, **-test**, **-te**, **-ten**, **-tet**, **-ten**.

Ex : **kaufen : ich kaufte, du kauftest, er/sie/es kaufte, wir kauften, ihr kauftet, sie kauften.**

### • Verbes de modalité

Radical éventuellement modifié + terminaisons des verbes faibles.

**können → ich konnte…** **wollen → ich wollte…**
**sollen → ich sollte…** **mögen → ich mochte…**
**dürfen → ich durfte…** **müssen → ich musste…**

### • Verbes forts

Radical modifié + terminaisons du présent des verbes de modalité.

• **-a-** devient **-i-** (**anfangen** *commencer* → **ich fing an…**)
ou **-ie-** (**raten** *conseiller* → **ich riet…**)

- -**a**- devient -**u**- (**fahren** *aller en voiture* → **ich fuhr…**)
- -**e**- devient -**o**- (**heben** *soulever* → **ich hob…**)
- -**e**- devient -**a**- (**nehmen** *prendre* → **ich nahm…**)
- -**ei**- devient -**ie**- (**bleiben** *rester* → **ich blieb…**)
- -**i**- devient -**a**- (**singen** *chanter* → **ich sang…**)
- -**ie**- devient -**o**- (**verlieren** *perdre* → **ich verlor…**)

### • Verbes mixtes

Radical modifié + terminaisons des verbes faibles. On peut les classer en 3 catégories :

- **brennen, kennen, nennen, rennen, senden, wenden → ich brannte…**
- **bringen, denken → ich brachte…**
- **wissen → ich wusste…**

### • Auxiliaires

**haben : ich hatte, du hattest, er/sie/es hatte, wir hatten, ihr hattet, sie hatten.**

**sein : ich war, du warst, er/sie/es war, wir waren, ihr wart, sie waren.**

**werden : ich wurde, du wurdest, er/sie/es wurde, wir wurden, ihr wurdet, sie wurden.**

## QUAND EMPLOYER LE PRÉTÉRIT ?

C'est le temps du récit. Il correspond au passé simple et à l'imparfait français. On le rencontre beaucoup à l'écrit, bien que, pour les verbes de modalité et les auxiliaires, le prétérit soit souvent préféré au parfait, même à l'oral.

## UND JETZT SIND SIE DRAN!

**I. Mettez à la forme indiquée.**

1) kaufen (wir/présent)
2) Tennis spielen (er/prétérit)
3) zahlen (du/parfait).

**II. Retrouvez leur présent irrégulier.**

1) fallen (du) – 2) nehmen (er) – 3) schlafen (ihr).

*I. 1) wir kaufen – 2) er spielte Tennis – 3) du hast gezahlt.*
*II. 1) du fällst – 2) er nimmt – 3) ihr schlaft.*

# VERBES IRRÉGULIERS PAR SÉRIE

| Infinitif | Présent | Prétérit | Parfait |
|---|---|---|---|
| ***Série en*** **a → ä → i / ie → a** | | | |
| anfangen *commencer* | er fängt an | er fing an | er hat angefangen |
| behalten *garder* | er behält | er behielt | er hat behalten |
| blasen *souffler* | er bläst | er blies | er hat geblasen |
| braten *cuire à la poêle* | er brät | er briet | er hat gebraten |
| ein/schlafen *s'endormir* | er schläft ein | er schlief ein | er **ist** eingeschlafen |
| fallen *tomber* | er fällt | er fiel | er **ist** gefallen |
| fangen *attraper* | er fängt | er fing | er hat gefangen |
| gefallen *plaire* | er gefällt | er gefiel | er hat gefallen |
| halten *s'arrêter* | er hält | er hielt | er hat gehalten |
| hängen *être accroché* | er hängt | er hing | er hat gehangen |
| lassen *laisser* | er lässt | er ließ | er hat gelassen |
| raten *deviner, conseiller* | er rät | er riet | er hat geraten |
| schlafen *dormir* | er schläft | er schlief | er hat geschlafen |

| Infinitif | Présent | Prétérit | Parfait |
|---|---|---|---|
| ***Série en*** **a → ä → u → a** | | | |
| backen *cuire au four* | er bäckt | er buk/backte | er hat gebacken |
| ein/laden *inviter* | er lädt ein | er lud ein | er hat eingeladen |
| erfahren *apprendre (nouvelle)* | er erfährt | er erfuhr | er hat erfahren |
| fahren *aller en voiture* | er fährt | er fuhr | er **ist** gefahren |
| laden *charger* | er lädt | er lud | er hat geladen |
| schlagen *frapper* | er schlägt | er schlug | er hat geschlagen |
| tragen *porter* | er trägt | er trug | er hat getragen |
| vor/schlagen *proposer* | er schlägt vor | er schlug vor | er hat vorgeschlagen |
| wachsen *grandir* | er wächst | er wuchs | er **ist** gewachsen |
| waschen *laver* | er wäscht | er wusch | er hat gewaschen |

| Infinitif | Présent | Prétérit | Parfait |
|---|---|---|---|
| ***Série en*** **e → i / ie → a → e** | | | |
| betreten *marcher sur* | er betritt | er betrat | er hat betreten |
| ein/treten *entrer dans* | er tritt ein | er trat ein | er **ist** eingetreten |
| essen *manger* | er isst | er aß | er hat gegessen |
| fressen *manger (pour les animaux)* | er frisst | er fraß | er hat gefressen |
| geben *donner* | er gibt | er gab | er hat gegeben |
| geschehen *se produire* | es geschieht | es geschah | es **ist** geschehen |
| lesen *lire* | er liester las | er hat gelesen | |
| messen *mesurer* | er misst | er maß | er hat gemessen |
| sehen *voir* | er sieht | er sah | er hat gesehen |
| vergessen *oublier* | er vergisst | er vergaß | er hat vergessen |

**Série en e → i / ie → a → o**

| | | | |
|---|---|---|---|
| befehlen *ordonner* | er befiehlt | er befahl | er hat befohlen |
| brechen *casser* | er bricht | er brach | er hat gebrochen |
| empfehlen *recommander* | er empfiehlt | er empfahl | er hat empfohlen |
| erschrecken *s'effrayer* | er erschrickt | er erschrak | er **ist** erschrocken |
| helfen *aider* | er hilft | er half | er hat geholfen |
| nehmen *prendre* | er nimmt | er nahm | er hat genommen |
| sprechen *parler* | er spricht | er sprach | er hat gesprochen |
| stechen *piquer* | er sticht | er stach | er hat gestochen |
| stehlen *voler (dérober)* | er stiehlt | er stahl | er hat gestohlen |
| sterben *mourir* | er stirbt | er starb | er **ist** gestorben |
| treffen *rencontrer* | er trifft | er traf | er hat getroffen |
| verderben *gâcher* | er verdirbt | er verdarb | er hat verdorben |
| werfen *jeter* | er wirft | er warf | **er hat geworfen** |

**Série en ei → ei → i / ie → ie**

| | | | |
|---|---|---|---|
| aus/leihen *emprunter* | er leiht aus | er lieh aus | er hat ausgeliehen |
| begreifen *comprendre* | er begreift | er begriff | er hat begriffen |
| beissen *mordre* | er beißt | er biss | er hat gebissen |
| bleiben *rester* | er bleibt | er blieb | er **ist** geblieben |
| entscheiden *décider* | er entscheidet | er entschied | er hat entschieden |
| greifen *saisir* | er greift | er griff | er hat gegriffen |
| leiden *souffrir* | er leidet | er litt | er hat gelitten |
| leihen *prêter* | er leiht | er lieh | er hat geliehen |
| reissen *déchirer* | er reißt | er riss | er hat gerissen |
| reiten *faire du cheval* | er reitet | er ritt | er **ist** geritten |
| scheinen *briller, sembler* | er scheint | er schien | er hat geschienen |
| schneiden *couper* | er schneidet | er schnitt | er hat geschnitten |
| schreiben *écrire* | er schreibt | er schrieb | er hat geschrieben |
| schreien *crier* | er schreit | er schrie | er hat geschrien |
| schweigen *se taire* | er schweigt | er schwieg | er hat geschwiegen |
| steigen *monter* | er steigt | er stieg | er **ist** gestiegen |
| sich streiten *se disputer* | er streitet sich | er stritt sich | er hat sich gestritten |
| Sport treiben *faire du sport* | er treibt Sport | er trieb Sport | er hat Sport getrieben |
| vergleichen *comparer* | er vergleicht | er verglich | er hat verglichen |
| vermeiden *éviter* | er vermeidet | er vermied | er hat vermieden |

**Série en i → i → a → o**

| | | | |
|---|---|---|---|
| beginnen *commencer* | er beginnt | er begann | er hat begonnen |
| gewinnen *gagner* | er gewinnt | er gewann | er hat gewonnen |
| schwimmen *nager* | er schwimmt | er schwamm | er **ist**/hat geschwommen |

| **Série en** i → i → a → u | | | |
|---|---|---|---|
| finden *trouver* | er findet | er fand | er hat gefunden |
| gelingen *réussir* | es gelingt ihm | es gelang ihm | es **ist** ihm gelungen |
| singen *chanter* | er singt | er sang | er hat gesungen |
| sinken *sombrer* | er sinkt | er sank | er **ist** gesunken |
| springen *sauter* | er springt | er sprang | er **ist** gesprungen |
| trinken *boire* | er trinkt | er trank | er hat getrunken |
| überwinden *vaincre, surmonter* | er überwindet | er überwand | er hat überwunden |
| verbinden *relier* | er verbindet | er verband | er hat verbunden |
| verschwinden *disparaître* | er verschwin-det | er ver-schwand | er **ist** verschwun-den |
| zwingen *contraindre* | er zwingt | er zwang | er hat gezwungen |

| **Série en** ie → ie → o → o | | | |
|---|---|---|---|
| bieten *offrir* | er bietet | er bot | er hat geboten |
| fliegen *voler, prendre l'avion* | er fliegt | er flog | er **ist** geflogen |
| fliehen *s'enfuir* | er flieht | er floh | er **ist** geflohen |
| frieren *geler* | er friert | er fror | er **ist** gefroren |
| genießen *profiter* | er genießt | er genoss | er hat genossen |
| riechen *sentir* | er riecht | er roch | er hat gerochen |
| schieben *pousser* | er schiebt | er schob | er hat geschoben |
| schließen *fermer* | er schließt | er schloss | er hat geschlossen |
| verbieten *interdire* | er verbietet | er verbot | er hat verboten |
| verlieren *perdre* | er verliert | er verlor | er hat verloren |
| wiegen *peser* | er wiegt | er wog | er hat gewogen |
| ziehen *tirer* | er zieht | er zog | er hat gezogen |

| **Hors série** | | | |
|---|---|---|---|
| auf/stehen *se lever* | er steht auf | er stand auf | er **ist** aufgestanden |
| bekommen *recevoir* | er bekommt | er bekam | er hat bekommen |
| bitten *demander, prier de* | er bittet | er bat | er hat gebeten |
| gehen *aller à pied* | er geht | er ging | er **ist** gegangen |
| heben *lever* | er hebt | er hob | er hat gehoben |
| hängen *être accroché* | er hängt | er hing | er hat gehangen |
| heißen *s'appeler* | er heißt | er hieß | er hat geheißen |
| kommen *venir* | er kommt | er kam | er **ist** gekommen |
| laufen *courir* | er läuft | er lief | er **ist** gelaufen |
| liegen *être couché* | er liegt | er lag | er hat gelegen |
| lügen *mentir* | er lügt | er log | er hat gelogen |
| rufen *appeler* | er ruft | er rief | er hat gerufen |
| schwören *jurer* | er schwört | er schwor | er hat geschworen |
| sitzen *être assis* | er sitzt | er saß | er hat gesessen |
| stehen *être debout* | er steht | er stand | er hat gestanden |
| stoßen *pousser* | er stößt | er stoß | er hat gestossen |

| | | | |
|---|---|---|---|
| tun *faire* | er tut | er tat | er hat getan |
| verstehen *comprendre* | er versteht | er verstand | er hat verstanden |

## LE CONDITIONNEL

On exprime l'irréel (ou conditionnel) à l'aide du subjonctif II, présent ou passé.

### • Conditionnel présent des auxiliaires

| | |
|---|---|
| **sein**<br>**ich wäre** *je serais*<br>**du wär(e)st** *tu serais*<br>**er wäre** *il serait*<br>**wir wären** *nous serions*<br>**ihr wär(e)t** *vous seriez*<br>**sie wären** *ils seraient* | **haben**<br>**ich hätte** *j'aurais*<br>**du hättest** *tu aurais*<br>**er hätte** *il aurait*<br>**wir hätten** *nous aurions*<br>**ihr hättet** *vous auriez*<br>**sie hätten** *ils auraient* |
| **werden** (auxiliaire de l'irréel)<br>**ich würde**<br>**du würdest**<br>**er würde**<br>**wir würden**<br>**ihr würdet**<br>**sie würden** | |

### • Conditionnel présent des verbes de modalité

Les verbes de modalité ont les mêmes terminaisons au subjonctif II et à l'indicatif présent.

**dürfen** → **ich dürfte...** *j'aurais la permission, je pourrais...*

**können** → **ich könnte...** *j'aurais la possibilité, je pourrais...*

**mögen** → **ich möchte...** *j'aimerais...*

**wollen** → **ich wollte...** *je voudrais...*

**sollen** → **ich sollte...** *je devrais, on me dirait de faire...*

**müssen** → **ich müßte...** *je devrais, je serais obligé de faire...*

### • Conditionnel présent des autres verbes

→ **werden** au subjonctif II + infinitif du verbe.

**Er würde gern Trompete lernen.**
*Il aimerait apprendre la trompette.*

### • Conditionnel passé

→ **sein** ou **haben** au subjonctif II + participe passé du verbe.

**Wenn sie das gewusst hätte, wäre sie nicht gekommen.**
*Si elle avait su, elle ne serait pas venue.*

"Si" se traduit par **wenn**.

Dans une phrase commençant par **wenn**, on trouve un verbe conjugué de chaque côté de la virgule.
Les deux verbes se mettent au conditionnel.

**Wenn sie reich wäre, würde sie sich eine Weltreise leisten.**
*Si elle était riche, elle s'offrirait un tour du monde.*

## LE PASSIF

### • *Werden* + participe passé

**Der Müll wird jeden Morgen abgeholt.**
*Les ordures sont ramassées tous les matins.*

On n'emploie pas l'auxiliaire *être* comme en français pour former le passif.

### • Le passif existe à tous les temps

• **présent : werden** au présent + participe passé

**ich werde geschminkt**
*on me maquille / je suis maquillé(e)*

• **prétérit : werden** au prétérit + participe passé

**ich wurde geschminkt**
*on me maquilla / je fus maquillé(e)*

• **futur : werden** au présent + participe passé + **werden**

**ich werde geschminkt werden**
*on me maquillera / je serai maquillé(e)*

• **parfait : sein** au présent + participe passé + **worden**

**ich bin geschminkt worden**
*on m'a maquillé(e) / j'ai été maquillé(e)*

• **plus-que-parfait : sein** au prétérit + participe passé + **worden**

**ich war geschminkt worden**
*on m'avait maquillé(e) / j'avais été maquillé(e)*

### • Le complément d'agent : *von* + datif

**Die Kinder werden von den Erzieherinnen als Indianer geschminkt.**
*Les enfants sont maquillés en Indiens par les institutrices.*

### • Avec les verbes de modalité

Avec les verbes de modalité, on emploie l'infinitif passif (participe passé + **werden**).

> **Die Blumen müssen jeden Tag gegossen werden.**
> *Les fleurs doivent être arrosées tous les jours.*

### • Autres emplois du passif

Le passif est plus courant en allemand qu'en français car il permet de traduire l'indéfini "on".

On a ainsi recours au passif :

• pour exprimer un ordre.

> **Jetzt wird deutsch gesprochen!**
> *Maintenant, on parle allemand !*

• pour décrire une action dont le sujet n'est pas précisé.

> **Nach dem Essen wird getanzt.**
> *On dansera après le repas.*

> Si la phrase ne commence pas par un complément circonstanciel, on place **es** devant l'auxiliaire. Le sens n'est pas modifié.
> → **Es wird nach dem Essen getanzt.**

## VERBES À CONSTRUCTION PARTICULIÈRE

### • Verbes pronominaux

| | |
|---|---|
| **sich verlieben** *(tomber amoureux)*<br>**ich verliebe mich**<br>**du verliebst dich**<br>**er/sie/es verliebt sich**<br>**wir verlieben uns**<br>**ihr verliebt euch**<br>**sie verlieben sich** | • Pronom réfléchi à l'accusatif.<br>• Même forme **sich** aux 3e personnes du singulier et du pluriel.<br>• Les autres formes correspondent à l'accusatif des pronoms personnels. |
| **sich einen Film ansehen** *(regarder un film)*<br>**ich sehe mir einen Film an**<br>**du siehst dir einen Film an**<br>**er/sie/es sieht sich einen Film an**<br>**wir sehen uns einen Film an**<br>**ihr seht euch einen Film an**<br>**sie sehen sich einen Film an** | • Pronom réfléchi au datif.<br>• Même forme **sich** aux 3e personnes du singulier et du pluriel.<br>• Les autres formes correspondent au datif des pronoms personnels. |

## Verbes toujours suivis du datif

Attention, ces verbes sont suivis d'un COD en français :

**danken** *remercier*
**glauben** *croire*
**helfen** *aider*
**folgen** *suivre*
**gratulieren** *féliciter*
**raten** *conseiller*

Il existe de nombreux autres verbes suivis du datif.
La plupart correspondent à des verbes français qui se construisent avec "à".

Ex : **jemandem vertrauen** *faire confiance à quelqu'un.*

## Verbes toujours suivis d'une préposition

- **an** + **accusatif**
  - denken an *penser à*
  - sich erinnern an *se souvenir de*
  - sich gewöhnen an *s'habituer à*
- **auf** + **accusatif**
  - sich freuen auf *se réjouir à l'idée de*
  - warten auf *attendre*
- **für** + **accusatif**
  - sich bedanken für *remercier pour/de*
  - sich interessieren für *s'intéresser à*
- **über** + **accusatif**
  - nach/denken über *réfléchir à*
- **um** + **accusatif**
  - sich kümmern um *s'occuper de*
  - es geht um *il s'agit de*
- **mit** + **datif**
  - auf/hören mit *arrêter de*
  - rechnen mit *compter sur*
- **vor** + **datif**
  - sich fürchten vor *avoir peur de*

# EXPRESSIONS

Voici une sélection d'expressions idiomatiques parmi les plus courantes et les plus imagées de l'allemand d'aujourd'hui. Une traduction mot à mot, en attirant votre attention sur l'image employée, vous aide à mémoriser l'expression, et des exemples vous indiquent comment l'utiliser en contexte. Les abréviations *qch* et *qn* signifient respectivement "quelque chose" et "quelqu'un".

## NOS AMIES LES BÊTES

- **mich laust der Affe!** *les bras m'en tombent*

*"le singe m'épouille"*

Cette expression très familière n'est utilisée qu'à la première personne du singulier.

**Mitten in Paris lief mir mein Nachbar über den Weg. Ich dachte, mich laust der Affe!**
*J'ai croisé mon voisin au beau milieu de Paris. Les bras m'en sont tombés !*

- **jemandem einen Bären aufbinden** *faire marcher qn*

*"attacher un ours sur le dos de qn"*

Cette expression sert à illustrer le fait qu'on raconte à quelqu'un quelque chose d'incroyable et que la personne en question nous croie.

**Meine Frau hat gesagt, schwarzer Tee ist gut für die Haut.**
**– Da hat sie dir aber einen ziemlichen Bären aufgebunden.**
*Ma femme a dit : le thé noir est bon pour la peau.*
*– Là, elle t'a bien fait marcher.*

L'expression allemande se base sur la supposition qu'il est totalement impossible d'attacher un ours sur le dos de quelqu'un sans que la personne s'en rende compte.

- **einen Frosch im Hals haben** *avoir un chat dans la gorge*

*"avoir une grenouille dans la gorge"*

Les animaux évoqués diffèrent dans les deux langues mais le message reste le même : on est momentanément enroué ou on a la voix voilée.

**Ich hatte einen Frosch im Hals, weil ich so aufgeregt war.**
*J'étais si énervé que j'en avais un chat dans la gorge.*

- **ein dicker Hund sein** *être dur à avaler*

  *"être un gros chien"*

  **Dass er deinen Geburtstag vergessen hat, ist ein dicker Hund.**
  *Qu'il ait oublié ton anniversaire, c'est un peu dur à avaler.*

- **vor die Hunde gehen** *tourner mal*

  *"aller devant les chiens"*

  **Viele Leute gehen nach einer Scheidung vor die Hunde.**
  *Après un divorce beaucoup de gens tournent mal.*

> Cette expression familière vient sans doute de la chasse où les animaux faibles et malades constituent des proies faciles pour les chiens.

- **die Katze im Sack kaufen** *acheter chat en poche*

  **Mein Kollege will mir sein Auto verkaufen, aber ich muss es mir erst einmal anschauen. Ich kaufe doch nicht die Katze im Sack.**
  *Mon collègue veut me vendre sa voiture mais je dois d'abord bien la regarder. Je n'achète pas chat en poche.*

- **die Katze aus dem Sack lassen** *laisser échapper qch*

  *"laisser le chat s'échapper du sac"*

On emploie cette expression lorsque quelqu'un révèle finalement un projet ou un plan jusqu'alors tenu intentionnellement secret.

  **Wir wussten wochenlang nicht was sie vorhat, doch gestern hat sie endlich die Katze aus dem Sack gelassen.**
  *Pendant des semaines on ne savait pas ce qu'elle prévoyait, mais hier elle a finalement laissé échapper quelque chose.*

- **Katz und Maus mit jemandem spielen** *jouer au chat et à la souris avec qn*

  **Er weiß immer noch nicht, ob er seine Stelle behält. Sein Chef spielt Katz und Maus mit ihm.**
  *Il ne sait toujours pas s'il pourra garder son poste. Son chef joue au chat et à la souris avec lui.*

- **aus einer Mücke einen Elefanten machen** *faire une tempête dans un verre d'eau*

  *"faire un éléphant d'un moustique"*

On utilise cette expression pour illustrer le fait que quelqu'un exagère.

  **Sie machen aus einer Mücke einen Elefanten. Einmal feiert jemand eine Party, und schon heißt es, man hätte hier nie seine Ruhe.**
  *Vous faites une tempête dans un verre d'eau. Il suffit que quelqu'un fasse une fête pour que vous disiez qu'on ne peut plus jamais être tranquille ici.*

**Du machst aus jeder Mücke einen Elefanten.**
*Il faut toujours que tu fasses une tempête dans un verre d'eau.*

• **das Pferd am Schwanz aufzäumen** *mettre la charrue avant les bœufs*

*"mettre la bride à la queue du cheval"*

Cette expression signifie qu'on s'y prend mal pour faire quelque chose et en particulier qu'on commence par ce qu'il aurait précisément fallu faire en dernier.

**Du hättest erst die Sauce zubereiten und dann die Nudeln kochen sollen. Du hast das Pferd am Schwanz aufgezäumt!**
*Tu aurais dû d'abord préparer la sauce et faire cuire les nouilles ensuite. Tu as mis la charrue avant les bœufs !*

• **Schwein haben** *avoir du bol*

*"avoir du cochon"*

**Er fährt immer schwarz und wird nie erwischt. Er hat wirklich Schwein.**
*Il voyage toujours sans billet et ne se fait jamais choper. Il a vraiment du bol.*

**Da haben wir noch mal Schwein gehabt!**
*Là, on a encore eu du bol !*

> Cette tournure proviendrait de la coutume médiévale qui consistait à offrir, après les compétitions, un cochon au perdant en guise de consolation. Celui qui recevait le cochon avait gagné quelque chose sans l'avoir vraiment mérité.

• **kein Schwein** *absolument personne*

*"pas un cochon"*

Cette tournure très familière veut dire *personne*. L'expression synonyme **keine Sau** est particulièrement grossière.

**Die Party sollte um 8 anfangen, und um 9 war immer noch kein Schwein da.**
*La fête devait commencer à 20h mais à 21h, il n'y avait pas un chat.*

**Schreib mal etwas deutlicher. Das kann doch kein Schwein lesen.**
*Écris donc un peu mieux. Personne ne peut arriver à lire ça.*

• **den Stier bei den Hörnern packen** *prendre le taureau par les cornes*

La même expression est employée en français et en allemand.

**Mit der Sozialreform packt die Regierung endlich den Stier bei den Hörnern.**
*Avec la réforme sociale, le gouvernement prend enfin le taureau par les cornes.*

# DE LA TÊTE AUX PIEDS

- **jemanden auf den Arm nehmen** *se payer la tête de qn*

  *"prendre qn sur le bras"*

Cette expression signifie qu'on se moque de quelqu'un.

> **Meinst du das ernst oder willst du mich auf den Arm nehmen?**
> *Est-ce que c'est sérieux ou est-ce que tu te payes ma tête ?*

- **sich kein Bein ausreißen** *ne pas se fouler*

  *"ne pas s'arracher une jambe"*

> **Für das jämmerliche Gehalt reiße ich mir kein Bein aus.**
> *Pour ce salaire de misère, je ne vais pas me fouler.*

- **einen grünen Daumen haben** *avoir la main verte*

  *"avoir le pouce vert"*

Bien qu'en français toute la main soit verte, mais qu'en allemand on ne parle que du pouce, les deux expressions signifient exactement la même chose.

> **Schau mal, wie schön ihre Rosen blühen. Sie hat wirklich einen grünen Daumen.**
> *Regarde un peu comme ses roses sont belles. Elle a vraiment la main verte.*

- **jemanden um den Finger wickeln** *mener qn par le bout du nez*

  *"enrouler qn autour de son doigt"*

> **Mit ihrem unschuldigen Lächeln wickelt mich meine Nichte jedesmal um den Finger.**
> *Avec son sourire innocent, ma nièce me mène toujours par le bout du nez.*

- **seine Hände in Unschuld waschen** *se laver les mains de qch*

  *"se laver les mains dans l'innocence"*

> **Die Mannschaft verlor ein Spiel nach dem anderen, doch der Trainer wusch seine Hände in Unschuld.**
> *L'équipe perdit un match après l'autre mais l'entraîneur s'en lava les mains.*

Cette expression fait allusion à un passage de l'Évangile selon saint Matthieu où, durant le procès de Jésus-Christ, Ponce Pilate se lava les mains pour montrer son innocence quant à sa condamnation et à sa mort.

- **Hand und Fuß haben** *tenir debout*

  *"avoir pied et main"*

  **Was er zum Thema Arbeitslosigkeit sagte, hatte Hand und Fuß.**
  *Ce qu'il a dit au sujet du chômage tenait debout.*

- **etwas übers Knie brechen** *faire qch à la va-vite*

  *"casser qch sur le genou"*

Cette expression familière illustre le fait que quelque chose a été décidé ou liquidé à la hâte.

  **Eine so wichtige Sache sollte man nicht übers Knie brechen.**
  *On ne devrait pas faire à la va-vite quelque chose de si important.*

- **etwas auf den Kopf hauen** *dilapider qch*

  *"cogner qch sur la tête"*

  **In einer Woche haute er seine gesamten Ersparnisse auf den Kopf.**
  *En une semaine, il dilapida la totalité de ses économies.*

> Cette expression courante se rapporterait à la pièce de monnaie que l'on pose sur le côté face (der Kopf) de façon à ce que le côté sur lequel se trouve le chiffre soit visible.

- **Kopf stehen** *être chamboulé*

  *"être sur la tête"*

  **In zwei Tagen ist die Jubiläumsfeier. Die ganze Firma steht Kopf.**
  *Dans deux jours, c'est la fête du jubilé. Toute l'entreprise est chamboulée.*

  **Als sie die Zusage für die neue Stelle bekam, stand sie Kopf.**
  *Elle fut toute chamboulée lorsqu'elle apprit qu'elle avait le nouveau poste.*

- **jemandem den Kopf waschen** *passer un savon à qn*

  *"laver la tête à qn"*

Cette expression courante signifie *réprimander sévèrement quelqu'un*.

  **Mein Chef hat mir ordentlich den Kopf gewaschen, weil ich bei der wichtigen Sitzung am Montag zu spät kam.**
  *Mon chef m'a passé un sacré savon parce que je suis arrivé en retard à la réunion importante de lundi.*

- **jemandem über den Mund fahren** *couper la parole à qn*

  *"rouler sur la bouche de qn"*

Cette expression courante illustre le fait que quelqu'un interrompt quelqu'un d'autre et lui répond sèchement.

**Als ich meine Meinung sagen wollte, fuhr er mir über den Mund.**
*Au moment où je voulais donner mon opinion, il m'a coupé la parole.*

- **sich etwas unter den Nagel reißen** *faire main basse sur qch*

*"se tirer qch sous l'ongle"*

Cette expression courante signifie que quelqu'un s'approprie quelque chose d'une façon pas tout à fait correcte.

**Du willst dir wohl die ganze Erbschaft unter den Nagel reißen?**
*Tu veux donc faire main basse sur tout l'héritage ?*

- **jemanden an der Nase herumführen** *mener qn en bateau*

*"mener qn par le bout du nez"*

> Attention : cette expression ne signifie pas qu'on mène une personne à sa guise, mais qu'on la trompe et qu'on l'induit en erreur. Elle dérive pourtant, comme l'expression française ***mener qn par le bout du nez***, du fait que l'on mène les animaux par la bride.

**Die Regierung führt die Öffentlichkeit an der Nase herum.**
*Le gouvernement mène le public en bateau.*

- **sich etwas hinter die Ohren schreiben** *se mettre qch dans le crâne*

*"s'écrire qch derrière les oreilles"*

**Hier wird nicht geraucht, schreib dir das hinter die Ohren!**
*On ne fume pas ici, mets-toi ça dans le crâne !*

- **sich auf die Zunge beißen** *se mordre la langue*

L'expression allemande signifie qu'on se retient de parler au dernier moment. Elle ne signifie cependant pas, comme c'est le cas en français, qu'on se repent d'avoir dit quelque chose.

**Ich hatte große Lust, ihr die Wahrheit zu sagen, doch ich biss mir auf die Zunge.**
*J'avais très envie de lui dire la vérité, mais je me suis mordu la langue.*

## COMMENT ÇA VA ?

- **Bäume ausreißen können** *se sentir d'attaque*

*"pouvoir arracher des arbres"*

**Der Urlaub hat mir gut getan. Ich könnte Bäume ausreißen.**
*Les vacances m'ont fait du bien. Je me sens d'attaque.*

- **auf dem Damm sein** *être en forme*

  *"être sur la chaussée"*

  **Ich habe gehört, du warst krank. Bist du wieder auf dem Damm?**
  *J'ai entendu dire que tu étais malade. Est-ce que tu as retrouvé la forme ?*

  **Wir mussten den Umzug verschieben, weil meine Frau nicht auf dem Damm war.**
  *Nous avons dû repousser le déménagement car ma femme n'était pas en forme.*

- **auf dem letzten Loch pfeifen** *être à bout de forces*

  *"siffler sur le dernier trou"*

  **Ich habe seit drei Monaten keinen Urlaub mehr gehabt und jeden Tag Überstunden gemacht. Ich pfeife auf dem letzten Loch.**
  *Ça fait trois mois que je n'ai pas eu de vacances et que je fais des heures supplémentaires tous les jours. Je suis à bout de forces.*

> Cette expression très familière fait allusion au dernier trou d'une flûte qui est celui servant à produire la note la plus haute et la plus aiguë.

- **auf dem Zahnfleisch gehen** *être sur les genoux*

  *"avancer sur les gencives"*

L'image utilisée en allemand est encore plus extrême que celle utilisée en français et sert à illustrer le fait que quelqu'un se déplace avec énormément de difficulté car il est totalement épuisé. Cette expression est également utilisée pour faire référence à une situation économique très difficile.

**Nach vier Tagen Gewaltmarsch ging er auf dem Zahnfleisch.**
*Après quatre jours de marche forcée, il était sur les genoux.*

**Seit der Euro so stark ist, gehen einige Exporteure auf dem Zahnfleisch.**
*Depuis l'augmentation du cours de l'euro, certains exportateurs sont sur les genoux.*

> Beaucoup d'expressions qui font référence à la santé peuvent aussi être utilisées pour décrire une situation économique ou financière ; c'est le cas, par exemple, de **auf dem Zahnfleisch gehen** et **auf dem letzten Loch pfeifen.**

## QUAND LES PROBLÈMES COMMENCENT…

• **jemandem steht das Wasser bis zum Hals** *être le dos au mur*

*"avoir l'eau jusqu'au cou"*

Cette expression illustre le fait que quelqu'un est dans le besoin et en particulier qu'il est au bord de la ruine à cause d'importantes dettes. Si le niveau de l'eau monte encore un peu, il se noie.

**Ich weiß nicht mehr, was ich tun soll. Mir steht das Wasser bis zum Hals.**
*Je ne sais plus quoi faire. Je suis le dos au mur.*

**Nach dem Verlust zweier wichtiger Kunden stand der Firma das Wasser bis zum Hals.**
*Après la perte de deux clients importants, l'entreprise s'est retrouvée le dos au mur.*

• **sich in die Nesseln setzen** *se mettre dans de beaux draps*

*"s'asseoir dans les orties"*

**Mit deiner Bemerkung hast du dich ganz schön in die Nesseln gesetzt.**
*Avec ta remarque, tu t'es vraiment mis dans de beaux draps.*

• **den Boden unter den Füßen verlieren** *perdre pied*

*"perdre le sol sous ses pieds"*

En français, on utilise l'image de quelqu'un qui n'a plus pied, alors qu'en allemand on parle de quelqu'un qui n'a plus de sol sous ses pieds. Les deux expressions font cependant référence à la même chose : le fait de ne plus avoir de point de repère ou de ligne de conduite.

**Als ihn seine Frau verließ, verlor er den Boden unter den Füßen.**
*Lorsque sa femme l'a quitté, il a perdu pied.*

• **vom Regen in die Traufe kommen** *aller de mal en pis*

*"passer de la pluie à la gouttière"*

Si quelqu'un cherche à s'abriter de la pluie et qu'il se place pour ce faire juste en dessous d'une gouttière, il sera non seulement mouillé mais sera passé d'une situation désagréable à une autre situation qui l'est encore davantage.

**Wir kamen vom Regen in die Traufe: Nachdem wir endlich den Stau hinter uns gelassen hatten, platzte uns ein Reifen.**
*Les choses sont allées de mal en pis : après être enfin sortis du bouchon, on a crevé un pneu.*

• **in Teufels Küche kommen** *se fourrer dans un guêpier*

*"arriver dans la cuisine du diable"*

> Au Moyen-Âge, on imaginait l'enfer comme une cuisine où le diable brûlait les pécheurs sur son feu. On peut facilement imaginer cet endroit comme étant tout aussi désagréable qu'un guêpier !

**Wenn ich die Arbeit nicht bis heute Abend fertig habe, komme ich in Teufels Küche.**
*Si je ne finis pas ce travail d'ici ce soir, je vais me retrouver dans un vrai guêpier.*

> Attention: l'expression **sich in ein Wespennest setzen** (littéralement *s'asseoir dans un guêpier*) n'a pas la même signification que le français *se fourrer dans un guêpier.* En allemand, cette expression veut dire *se faire des ennemis par son comportement* ou encore *dresser tout le monde contre soi.*

• **eine harte Nuss** *une dure tâche*

*"une noix dure"*

On trouve cette tournure imagée dans différentes expressions : **eine harte Nuss sein** (*être une dure tâche*), **jemandem eine harte Nuss zu knacken geben** (*poser une colle à qn*), **eine harte Nuss zu knacken haben** (*avoir du pain sur la planche*).

**Sein Vertrauen zu gewinnen, war für sie eine harte Nuss.**
*Gagner sa confiance fut pour elle une tâche bien difficile.*

**Ich weiß nicht, was ich dir raten soll. Du hast mir da eine harte Nuss zu knacken gegeben.**
*Je ne sais pas quoi te conseiller. Là, tu me poses une colle.*

**In seinem Job als Projektleiter hatte er manche harte Nuss zu knacken.**
*Dans son travail de directeur de projet, il avait souvent du pain sur la planche.*

• **Sand im Getriebe** *des bâtons dans les roues*

*"du sable dans l'engrenage"*

Cette expression est très visuelle : si l'on entrave le mouvement d'un engrenage en y mettant du sable, la machine ne fonctionne plus et tout s'arrête.

**Die Computerindustrie hat Sand im Getriebe.**
*Le secteur de l'informatique doit faire face à des obstacles.*

**Ihre Beschwerde ist Sand im Getriebe der Reform.**
*Sa plainte met des bâtons dans les roues de la réforme.*

**Das einzige Ziel dieser Leute ist, Sand ins Getriebe zu streuen.**
*Le seul but de ces gens est de mettre des bâtons dans les roues des autres.*

**• jemandem Steine in den Weg legen** *mettre des bâtons dans les roues de qn*

*"mettre des pierres sur le chemin de qn"*

Si afin de pouvoir avancer on doit déblayer les pierres qui encombrent le chemin ou encore les enjamber, la marche sera alors plus longue et plus pénible.

**Wenn ihr Kollegen und Vorgesetzte nicht so viele Steine in den Weg gelegt hätten, wäre sie jetzt bereits Universitätsprofessorin.**
*Si ses collègues et ses supérieurs ne lui avaient pas constamment mis des bâtons dans les roues, elle serait déjà professeur d'université.*

**• jemandem einen Strich durch die Rechnung machen** *tout chambouler, faire tomber à l'eau*

*"biffer les calculs de qn »*

Le sens de cette expression se rapproche du français *mettre des bâtons dans les roues* mais, tandis que l'expression française fait toujours référence à l'action d'une personne sur une autre, l'allemand peut également se rapporter aux conséquences d'un événement qui vient perturber un projet.

**Am Sonntag wollten wir wandern gehen, doch das schlechte Wetter machte uns einen Strich durch die Rechnung.**
*Dimanche dernier, nous voulions aller nous promener mais le mauvais temps a tout chamboulé/fait tomber à l'eau.*

**• den Bach runtergehen** *s'en aller en eau de boudin*

*"couler au fond du ruisseau"*

Cette expression familière s'utilise pour décrire le fait que quelque chose tourne mal ou échoue progressivement.

**Jahrelang war er erfolgreich und glücklich, doch dann ging auf einmal alles den Bach runter.**
*Durant des années il réussissait tout et était heureux, mais tout s'en est allé en eau de boudin.*

**Das Projekt droht den Bach runterzugehen.**
*Le projet s'en est allé en eau de boudin.*

**• in die Hose gehen** *foirer*

*"aller dans le pantalon"*

Cette tournure est très souvent accompagnée d'un adverbe d'intensité comme par exemple **gründlich** *(complètement)*, **ziemlich** *(plutôt)* ou **ordentlich** *(sérieusement)*.

**Die Wochenendreise mit meinem Freund ging gründlich in die Hose: Wir stritten uns die ganze Zeit.**
*Le week-end avec mon ami a complètement foiré : nous n'avons pas arrêté de nous disputer.*

## JUSTE UN PEU BÊTE OU FOU À LIER ?

• **ein Brett vor dem Kopf haben** *être bouché*

*"avoir une planche devant la tête"*

**Logisches Denken ist nicht seine Sache, da hat er ein Brett vor dem Kopf.**
*Réfléchir de façon logique, ce n'est vraiment pas son truc ; il est un peu bouché.*

> Cette expression fait référence à l'habitude qu'avaient autrefois les paysans de bloquer la vue des bœufs en leur mettant une planche devant les yeux.

• **nicht bis drei zählen können** *être totalement demeuré*

*"ne pas savoir compter jusqu'à trois"*

Les enfants apprennent progressivement à compter : d'abord jusqu'à dix, puis jusqu'à vingt, etc. Si quelqu'un ne sait pas encore compter jusqu'à trois, son niveau intellectuel correspond à celui d'un tout jeune enfant !

**Manchmal stellt sie sich an, als könne sie nicht bis drei zählen.**
*Elle se comporte parfois comme si elle était totalement demeurée.*

• **das Pulver nicht erfunden haben** *n'avoir pas inventé la poudre*

La même expression est employée en français et en allemand.

**Na, der hat auch nicht das Pulver erfunden!**
*Lui, il n'a vraiment pas inventé la poudre !*

• **nur Bahnhof verstehen** *n'y entraver que dalle*

*"ne comprendre que gare"*

Cette expression signifie que quelqu'un ne comprend rien de ce qu'on lui dit.

**Weißt du, wovon er spricht? Ich verstehe nur Bahnhof.**
*Est-ce que tu sais de quoi il parle ? J'y entrave que dalle.*

**Weil er türkisch sprach, verstanden wir nur Bahnhof.**
*On n'entravait que dalle parce qu'il parlait turc.*

> À l'origine, cette expression était utilisée par les soldats à la fin de la Première Guerre mondiale qui ne voulaient entendre que le mot "gare" leur donnant l'autorisation de rentrer enfin chez eux.

• **sich keinen Reim auf etwas machen können** *ne pas réussir à piger quelque chose*

*"ne pas pouvoir faire de rime avec quelque chose"*

**Er hatte alles mit angehört, konnte sich aber keinen Reim darauf machen.**
*Il avait tout bien écouté, mais ne réussissait pas à piger.*

• **eine Meise haben** *avoir une araignée au plafond*

*"avoir une mésange"*

Que ce soit une araignée ou un oiseau, cette expression fait référence à un petit animal qui a tissé sa toile ou fait son nid dans la tête de quelqu'un et qui y sème joyeusement la pagaille.

**Die hat eine Meise!**
*Celle-là, elle a une araignée au plafond !*

Bien que, dans ce cas précis, l'allemand n'utilise pas le mot **Spinne** *(araignée)*, il est intéressant de remarquer que, dans le langage familier, le verbe **spinnen** signifie *débloquer* : **Du spinnst!** *(tu débloques !)*.

• **einen Sprung in der Schüssel haben** *être fêlé*

*"avoir une craquelure sur le bol"*

Cette expression allemande très familière utilise la même image que l'expression française : le bol, qui représente la tête, est fêlé ou cassé.

**Sie läuft bei 10°C in T-Shirt und kurzen Hosen herum. Sie hat echt einen Sprung in der Schüssel.**
*Il fait 10°C et elle se promène en short et t-shirt. Elle est vraiment fêlée.*

• **nicht mehr alle Tassen im Schrank haben** *avoir une case en moins*

*"ne plus avoir toutes les tasses dans l'armoire"*

L'expression indique que quelqu'un a littéralement le cerveau "dérangé" : les tasses ne sont pas rangées comme il faut.

**Du willst für einen Tag von München nach Paris fahren? Du hast doch nicht mehr alle Tassen im Schrank!**
*Tu veux faire le trajet Munich-Paris rien que pour une journée ? Tu as vraiment une case en moins !*

- **von allen guten Geistern verlassen sein** *avoir perdu la raison*

  *"être abandonné par tous les bons esprits"*

  **Du rauchst? Bist du denn von allen guten Geistern verlassen?**
  *Tu fumes ? Mais est-ce que tu as perdu la raison ?*

## DU PAIN SUR LA PLANCHE !

- **alle Hände voll zu tun haben** *être débordé*

  *"avoir toutes les mains pleines de choses à faire"*

Cette expression illustre le fait que quelqu'un est très occupé ou que quelque chose lui donne énormément à faire.

**Danke für die Einladung, aber wahrscheinlich komme ich etwas später. Ich habe im Moment alle Hände voll zu tun.**
*Merci pour l'invitation, mais il est probable que je ne vienne qu'un peu plus tard. Je suis débordé en ce moment.*

**Mit Haushalt, Kind und Hund hat sie alle Hände voll zu tun.**
*Entre la maison, les enfants et le chien, elle est débordée.*

- **wie ein Pferd arbeiten** *travailler comme un damné*

  *"travailler comme un cheval"*

  **Ich habe letzte Woche gearbeitet wie ein Pferd, damit ich jetzt beruhigt in Urlaub fahren kann.**
  *J'ai travaillé comme un damné la semaine dernière pour pouvoir maintenant partir en vacances l'esprit tranquille.*

- **sich ins Zeug legen** *en mettre un coup*

  *"se harnacher"*

Le terme **Zeug** utilisé ici est un mot qui désignait autrefois le harnais des animaux de trait. L'image de l'animal qui commence à tirer vigoureusement sa charge illustre le fait que quelqu'un se donne de la peine à la tâche.
La même image est utilisée, en français, dans l'expression *s'atteler à qch.*

**Ihr seid schon fertig mit der Renovierung der Wohnung? Da habt ihr euch aber mächtig ins Zeug gelegt!**
*Vous avez déjà fini de rénover l'appartement ? Là vous en avez vraiment mis un coup !*

**Sie legt sich für das Projekt ganz schön ins Zeug.**
*Elle en met un grand coup pour le projet.*

Cette expression est souvent complétée par un adverbe d'intensité, comme par exemple **mächtig** *(vraiment)*, **tüchtig** *(pas mal)*, **ordentlich** *(bien)*, etc.

• **sich in etwas hineinknien** *potasser qch*

*"s'agenouiller dans quelque chose"*

**Um gut auf den Prozess vorbereitet zu sein, kniete sie sich in die Akten.**
*Afin d'être bien préparée pour le procès, elle potasse les dossiers.*

## POUR PARLER DE GROS SOUS

• **arm wie eine Kirchenmaus sein** *être pauvre comme Job*

*"être pauvre comme une souris d'église"*

**Obwohl er arm wie eine Kirchenmaus ist, macht er gerne Geschenke.**
*Bien qu'il soit pauvre comme Job, il fait volontiers des cadeaux.*

• **knapp bei Kasse sein** *être fauché*

*"être maigre à la caisse"*

**Kannst du mir 10 Euro leihen? Ich bin etwas knapp bei Kasse.**
*Est-ce que tu peux me prêter 10 euros ? Je suis un peu fauché.*

On peut également dire **schlecht bei Kasse sein** ou – pour indiquer le contraire – **gut bei Kasse sein** *(être en fonds)*.

• **Geld wie Heu haben** *être plein aux as*

*"avoir de l'argent comme du foin"*

Le foin étant quelque chose qu'on peut avoir en grande quantité, on imagine facilement ce que veut dire cette expression.

**Er ist furchtbar geizig, obwohl er Geld wie Heu hat.**
*Bien qu'il soit plein aux as, il est atrocement pingre.*

• **im Geld schwimmen** *être plein aux as*

*"nager dans l'argent"*

Si on a tellement d'argent qu'on peut en remplir une piscine, on a assuré ses vieux jours !

**Das Geschäft läuft gut und sie schwimmen im Geld.**
*Les affaires vont bien et ils sont pleins aux as.*

• **jeden Pfennig drei Mal umdrehen** *regarder à la dépense*

*"retourner trois fois chaque pfennig"*

**Da sie wenig verdient, dreht sie jeden Pfennig drei Mal um.**
*Elle regarde à la dépense car elle gagne peu d'argent.*

Étant donné que les pfennigs n'existent plus, on entend aussi **jeden Cent drei Mal umdrehen** *(retourner trois fois chaque centime)* !?

• **von der Hand in den Mund leben** *vivre au jour le jour*

*"vivre de la main à la bouche"*

Cette expression signifie que quelqu'un doit dépenser immédiatement tout l'argent qu'il gagne pour acheter de la nourriture et des produits de première nécessité, et qu'il vit par conséquent sans soutien financier.

**Sie ist alleinerziehende Mutter von drei Kindern. Die Familie lebt von der Hand in den Mund.**
*Elle élève seule ses trois enfants. C'est une famille qui vit au jour le jour.*

• **das große Geld machen** *gagner beaucoup d'argent*

*"faire le grand argent"*

**Er hat mit einer Erfindung das große Geld gemacht.**
*Il a gagné beaucoup d'argent grâce à une invention.*

• **sein Geld zum Fenster hinauswerfen** *jeter l'argent par les fenêtres*

La même expression est employée en français et en allemand.

**Du könntest ja mal etwas sparen, anstatt das Geld zum Fenster hinauszuwerfen.**
*Tu pourrais vraiment économiser un peu au lieu de jeter l'argent par les fenêtres.*

• **nicht die Welt kosten** *ne pas coûter les yeux de la tête*

*"ne pas coûter le monde"*

Le monde est immense et c'est un vrai soulagement de savoir que rien ne coûte aussi cher.

**Eine Reise nach Frankreich könnt ihr euch sicher leisten! Das kostet nicht die Welt.**
*Vous pouvez bien vous permettre un voyage en France ! Ça ne coûte pas les yeux de la tête.*

• **ins Geld gehen** *finir par chiffrer*

*"aller dans l'argent"*

Cette expression signifie que les dépenses s'additionnent avec le temps.

**Als Kinofan muss ich jeden neuen Film sehen. Das geht natürlich ins Geld.**
*En tant que cinéphile, je veux voir chaque nouveau film qui sort. Évidemment, ça finit par chiffrer.*

## COMMENT TU ME TROUVES ?

• **wie aus dem Ei gepellt sein** *être tiré à quatre épingles*

*"être comme pelé de l'œuf"*

Pour décrire quelqu'un qui est habillé avec un soin méticuleux, on utilise l'image d'un œuf dur à peine écalé et qui est tout lisse et brillant.

**Sie trägt oft nur Jeans und Pulli im Büro, aber heute war sie wie aus dem Ei gepellt.**
*Elle porte souvent juste un jean et un pull au bureau, mais aujourd'hui elle était tirée à quatres épingles.*

• **zum Fressen sein** *être à croquer*

*"être à bouffer"*

**Sein kleiner Sohn ist wirklich zum Fressen.**
*Son petit garçon est vraiment à croquer.*

Cette expression s'utilise exclusivement pour parler d'une jeune fille ou d'un enfant.

• **frisch wie der junge Morgen** *frais comme une rose*

*"frais comme le jeune matin"*

Cette expression est souvent utilisée de façon ironique pour décrire le fait que quelqu'un n'a justement pas l'air frais et dispos, mais plutôt épuisé et de mauvaise humeur.

**Ich habe nur drei Stunden geschlafen.**
**– Das sieht man dir an: frisch wie der junge Morgen!**

*Je n'ai dormi que trois heures.*
*– Ça se voit : tu es frais comme une rose !*

• **hässlich wie die Nacht** *laid comme un pou*

*"laid comme la nuit"*

Contrairement au matin, neuf et prometteur, dans le langage imagé, la nuit est noire, repoussante et laide.

**Sie ist sehr nett, aber leider hässlich wie die Nacht.**
*Elle est très gentille, mais elle est malheureusement laide comme un pou.*

• **wie eine wandelnde Leiche aussehen** *avoir l'air d'un cadavre ambulant*

Tout comme son équivalent français, cette expression allemande illustre le fait que quelqu'un peut à peine marcher et ressemble vraiment à un cadavre, pâle et décharné.

**Was ist los mit dir? Du siehst aus wie eine wandelnde Leiche.**
*Qu'est-ce qui t'arrive ? Tu as l'air d'un cadavre ambulant.*

- **ein abgebrochener Riese sein** *être un nain*

*"être un géant interrompu"*

Cette expression peu flatteuse est utilisée pour désigner des hommes de petite taille.

**Mein neuer Chef ist ein abgebrochener Riese; er reicht mir gerade bis zum Kinn.**
*Mon nouveau chef est un nain ; il m'arrive tout juste au menton.*

- **eine Bohnenstange sein** *être une perche*

Cette expression, similaire dans les deux langues, est utilisée dans le langage courant, souvent de façon un peu moqueuse, pour désigner des personnes (le plus souvent des jeunes) très grandes et très maigres.

**Du wirst meine Tochter nicht wiedererkennen. Sie ist eine richtige Bohnenstange geworden.**
*Tu ne vas pas reconnaître ma fille. Elle est devenue une vraie perche.*

- **vom Fleisch fallen** *fondre*

*"tomber de la chair"*

Cette expression illustre le fait que quelqu'un a perdu beaucoup de poids. On l'utilise souvent de façon ironique.

**In den zwei Wochen, in denen sie im Krankenhaus war, ist sie sichtbar vom Fleisch gefallen.**
*Durant les deux semaines passées à l'hôpital, elle a vraiment fondu.*

**Komm, iss noch eine Portion. Sonst fällst du noch vom Fleisch.**
*Allez, mange encore une part. Sinon tu vas fondre.*

## COUP DE COLÈRE

- **Gift und Galle spucken** *décharger sa bile*

*"cracher du venin et de la bile"*

Cette expression allemande, tout comme son équivalent français, illustre le fait que quelqu'un réagit avec rage et malveillance.

**Sie ist sehr unbeherrscht. Jedes Mal, wenn jemand sie kritisiert, spuckt sie Gift und Galle.**
*Elle est vraiment irascible. Chaque fois que quelqu'un la critique, elle décharge sa bile.*

- **aus der Haut fahren** *sortir de ses gonds*

*"sortir de la peau"*

Tout comme la précédente, cette expression illustre le fait que quelqu'un devient furieux.

**Es ist zum aus der Haut fahren!**
*C'est à en sortir de ses gonds !*

> Cette expression utilise l'image d'un serpent qui, une fois débarrassé de son ancienne peau, est à nouveau prêt à attaquer tout ce qui se trouve sur son chemin.

- **jemandem platzt der Kragen** *exploser de colère*

*"avoir le col qui explose"*

On emploie cette expression pour décrire le fait que quelqu'un s'est montré patient pendant très longtemps mais, ne pouvant désormais plus se contenir, finit par s'emporter.

**Als er zum dritten Mal in letzter Minute absagte, platzte mir der Kragen.**
*La troisième fois qu'il s'est décommandé à la dernière minute, j'ai explosé de colère.*

- **jemanden zur Weißglut treiben** *chauffer les oreilles à qn*

*"pousser qn à l'incandescence"*

Dans les deux langues, la rage est associée à la chaleur ; mais alors que dans l'expression française, ce ne sont que les oreilles qui chauffent, en allemand, c'est en revanche toute la personne, et à tel point qu'elle en devient incandescente (ce qui implique, pour les corps solides, une température de 1200°C !)

**Ihre dummen Fragen treiben mich zur Weißglut.**
*Ses questions stupides m'échauffent les oreilles.*

## TIRONS-NOUS !

- **die Kurve kratzen** *décamper*

*"gratter le virage"*

Cette expression utilise l'image de quelqu'un qui prend si brusquement un virage qu'il touche le coin du mur.

**Als er mich sah, kratzte er die Kurve.**
*Lorsqu'il m'a vu, il a décampé.*

- **Leine ziehen** *ficher le camp*

*"tirer la corde"*

Cette expression signifie *filer*, *disparaître* et on l'emploie souvent à l'impératif.

**Du hast hier nichts zu suchen. Zieh Leine!**
*Tu n'as rien à faire ici. Fiche le camp !*

> Autrefois, sur les fleuves, on faisait traverser les bateaux d'une rive à l'autre en les tirant au moyen de cordes. La signification de cette expression est donc *faire en sorte de quitter un endroit.*

- **sich aus dem Staub machen** *prendre la poudre d'escampette*

  *"partir de la poussière"*

Cette expression illustre le fait que quelqu'un file rapidement et en cachette.

**Während die Polizei Verstärkung anforderte, machten sich die Bankräuber seelenruhig aus dem Staub.**
*Pendant que la police demandait des renforts, les cambrioleurs de la banque prirent tranquillement la poudre d'escampette.*

> Cette expression renvoie probablement au fait qu'autrefois la poussière sur les champs de bataille était telle que les soldats pouvaient s'éloigner sans que personne ne les remarque.

- **die Koffer packen** *s'en aller*

  *"faire les valises"*

**Wenn du mich noch einmal belügst, packe ich die Koffer.**
*Si tu me mens encore une fois, je m'en vais.*

> Cette expression allemande signifie non seulement *partir en voyage*, mais aussi *faire ses valises,* dans le sens de *disparaître, partir pour de bon.*

Imprimé en Espagne par Unigraf SL
Dépôt légal : juin 2023 - 328912/01
N° de projet : 11047695 - juin 2023

PAPIER CERTIFIÉ

HARRAP s'engage pour l'environnement en réduisant l'empreinte carbone de ses livres. Celle de cet exemplaire est de :
350 g éq. $CO_2$
Rendez-vous sur www.larousse-durable.fr